PRIDELESS

プライドレス

受け入れるが正解

オリエンタルラジオ
藤森慎吾

徳間書店

はじめに

「オマエなんて〝生粋《きっすい》のコウモリ野郎〟だ！」

「この関東一の〝媚《こ》び売りメガネ〟め！」

あるときぼくは、こんな罵声を浴びていた。

ぼくらオリエンタルラジオは、舞台に上がって、フリートークをしていた。

ぼくがまず、いつもの軽いノリで、なにか調子のいいことを口走る。

すると、相方の「あっちゃん」こと中田敦彦は「返し」として、ぼくのことを「コウモリ野郎の媚び売りメガネ！」と責めてきた。

やりとりはアドリブだったけれど、お客さんにはけっこうウケていたからよかった。

まあ、ヒドい言い草ではある。でも同時に、

「さすがあっちゃん、うまいこと言うなあ」

ぼくは感心してしまった。だってあっちゃんのセリフは、かなり真実を突いている。

というのも、舞台を降りた「素《す》」のぼくも、実はまさに「コウモリ野郎の媚び売りメガネ」だからだ。

ぼくという人間はふだんから、あっちを褒《ほ》めたかと思えば、こっちに気を配りで、周りを「立てる」ことばかりしている。

だって、ぼくの周りにいるひとたちって、本当にスゴいのだ。それで気づけばいつも、

「いいね〜！」

という言葉を連発している。

そんなぼくの様子は、芸風にも反映されている。

大学を出てすぐにデビューして、20年近くになる。芸人としていろんなことをしてきたけれど、最も広く知ってもらえているのは、

「あっちゃん、カッコいい〜！」

というセリフじゃないでしょうか？

リズム芸のハシリとして流行した「武勇伝」ネタで、相方を立てる言葉。

または、

「きみ、カワウィ〜ねぇ〜〜！」

のほうかも？

ぼくの軽いノリを誇張した「チャラ男」キャラになって、女の子を褒めそやす言葉。どちらにしても、全力でひとを盛り立てる内容だ。

公私を問わずぼくが気になるのは、やっぱり周りのことばかり。

こうして見ると、あらためて思う。ぼくにはよほど「自分」がないんだな、と。

そう、芸人という派手なことをしているわりに、ぼくは自分のなかにオリジナリティも、特別なこだわりも、そしてプライドさえない。

ぼくには自分を押し出していく気がさらさらない。その代わり、いつだって周りのひとのことを見て、全力で持ち上げる。そのひとたちからの照り返しによって、自分もすこし輝けたならそれでいい。

それがぼくの生き方だ。いわば究極の八方美人とでも言おうか。

あっちゃんはそんなぼくの本質を、「コウモリ野郎の媚び売りメガネ！」という簡潔なフレーズで、ピタリ言い表してくれたわけだ。さすが、うちの相方はスゴいなぁ。

でも。ここでふと思う。

確固たる自分やプライドがなくて、周りに照らされながらなんとか生きている……。そういうひとって、ぼくだけじゃないのでは？　と。

芯《しん》がなくってすぐふらふらしてしまう自分に悩んで、そのせいでちょっと縮こまっているようなひと、ほかにもきっといるんじゃないか。

いやいやだいじょうぶだよ、心配ないから。そう言いながら、同類のぼくが、背中をポンと押せないだろうか？　そうしたら、すこしラクになってくれないだろうか？

「プライドレス」な生き方しかできないひとの代表として、ぼくがまず自分のことをさらしてしまおう。その姿を見て、ちょっとでもラクになってくれるひとがいるかもしれない。そう考えてこの本を用意した。

オリジナリティも、特別なこだわりも、そしてプライドもなくていい。周りを受け入れることで、自分も活《い》かされてやろう。そんなふうに考えるに至ったぼくの心の内やこれまでの出来事を、包み隠さずここにお見せしたいと思う。

contents 目次

確率0・1%の挑戦
武器はネタ100本
平均点じゃ意味がない
中田伝説
「実力不足」という大問題
才能あふれる相方のとなりで

第2章

ペラッペラの「チャラ男」
世界をありのままに受け入れる

どん底
トラウマ
相談相手なんていなかった
「見捨てへんから」
仲良し作戦

「褒め言葉」で自分を満たす
悪口という「負のスパイラル」
大いにひとの顔色を窺おう
プロ野球選手になりたかった
一塁に送球が届かないポンコツ三塁手
なにひとつ長続きしなかった中学・高校時代
人生イチのモテ期は幼稚園時代？
素朴でシャイで、典型的な「田舎の子」
イケてるクラスメートに手あたり次第接近
モテたい、遊びたい。だから甲府の高校に
一転、美容師になりたい！
大学選びは立地だ。つまり東京だ！
新歓コンパで浮きまくる
ひと目惚れ
お台場のビーチで初の告白

第1章

過剰なあっちゃん

ダメ出しを受け入れる

あっちゃんの豹変

あれ、オレやっちゃったか？

マズい、と思った。

サーモンの刺身を箸でつついていた手を止め、顔を上げたあっちゃんの表情が、これまで見たことないほど怖かった。

なにが恐ろしいって、目が完全に据《す》わっている。顔面も紅潮している。それが生ビールを何杯も空けたせいなのか、興奮しているせいなのか、ちょっとわからない。

しまった、言いすぎた。あんまりしつこくて本気で怒らせちゃったのかな？

反省してももう遅い。あっちゃんの、なにやら決意に満ちたこの顔色はなにがあっても変わらなそうだった。

後戻りできないんだな、これ。

ぼくはその瞬間に悟った。

アルバイト先の「スター」

東急東横線の元住吉駅近くに、居酒屋・和民がある。ぼくらが足を運ぶ飲み屋といったら、ここしかなかった。

それ以外に時間をつぶすとしたら、オリジン弁当を買ってあっちゃんの下宿先に転がり込み、ゲームに興じるくらいだ。

ぼくらは大学生だった。

のちに「相方」として唯一無二《ゆいいつむに》の存在になる、あっちゃんこと中田敦彦とは、半年前にアルバイト先で知り合った。

仕事内容は保険会社の自動車事故受付オペレーターという、ちょっと変わったものだった。

オフィスビルの広いフロアに、たくさんのアルバイトスタッフが待機している。交通事故が起こると現場から電話がかかってくるので、その対応をする。学生バイトにしてはちょっとお堅い仕事だ。だからふだんの職場は基本的にかなりしんとしている。

働きはじめてしばらくすると、休憩時間にスタッフの集まっている場所から大きな笑い声が起こることに気づいた。

なんなんだ？

覗《のぞ》けば、笑い声の中心にはいつも同じ人物がいた。

自分と同じ年頃だから、バイトの大学生だろう。いつもあんな話の中心にいるって、すごいな。

ちょっとうらやましい。どうやったら、あのひとみたいに人気者になれるんだろう。

興味を惹《ひ》かれたけれど、ぼくはなんのアクションも起こせなかった。遠巻きにただ笑いの輪を見つめるばかりだった。

ある日の休憩時間のこと。喫煙所にいたら、あの「笑い声の中心のひと」がやって来た。そうしてごく気軽な態度で話しかけてきてくれた。

話題は、ぼくが着ている服についてだった。

「なんかそれいいね。どこで買うの？」

聞けば以前から、仕事場でいちばんチャラい格好をしていたぼくに目をつけていたらしい。

彼の話しっぷりは、間近で聞いてもやっぱりおもしろかった。

一方的に話すわけじゃない。まずはひとの話にしっかり耳を傾けて聞き役となる。そのうえで豊富な知識や経験から、

「この相手なら、どんな話題が喜ばれるか」

を瞬時に、かつ的確に探し出してくるような話し方。アタマの回転が抜群に速いからできる業《わざ》なんだろう。

いままで出会ったことのないタイプの人物で、とにかく新鮮だ。

ぼくがつるんできたのは、大学でもそれ以前でも、自分と似たようなやつばかりだった。

「中身？　意味？　そんなのなくたって別にいいよ。ノリがよければ、それで上等っしょ！」

というような。格好だけじゃない。ぼくも仲間も、とことん本当にチャラチャラしていた。

彼はそんなぼくらと明らかに雰囲気が違う。

「おれ、中田。中田敦彦」

「藤森っていいます」

そう名乗り合ってから距離がぐっと縮まるまで、時間はほとんどかからなかった。

その日のバイト明けにはあっちゃんをバイクのリアシートに乗せ、彼の下宿先へ遊びに行ってしまったくらいだ。

以来、ぼくはあっちゃんの部屋に入り浸るようになった。バイト明けに一緒に帰ってゲームをしたり、ひたすらダベっていたり。

あっちゃんとは妙に波長が合って気楽でいられたし、互いにないものを持っていて補い合えるのもよかったみたい。なにをするというのじゃなくても、ふたりで時間を過ごしていれば楽しいいし、満足だった。

運命を変えたビデオテープ

あっちゃんには、スゴいところがたくさんあった。

アタマが異様にキレるところ。考えがグルングルンとよく回るところ。思想を持っているというか、なにをするにもいつも筋が一本通っているところ。一緒にいると、感心することばかりだった。

あっちゃんはあっちゃんで、ぼくの素直さや明るさをいいと思ってくれていたみたいだ。ただの天然っぽい田舎者だっただけなんだけど。

なんにしてもひとは、自分が持っていないものを持っているひとに惹かれるものなんだろう。

のちにあっちゃんはぼくのことを、

「出会ったころから慎吾には華《はな》があった」

などと評してくれたことがあった。そんなふうに思ってくれているなんて気づきもしなかったけれど、彼にそう言ってもらえるのは素直にうれしい。

あっちゃんの部屋には、棚一面を覆い尽くすほどの膨大なＤＶＤが置いてあった。そのすべてがお笑い芸人のライブやバラエティ番組だった。

「こういうの、好きなわけ？」

「ああ、高校時代からずっとな」

趣味ひとつとっても、これほどまでに突き詰めて打ち込むものなんだな。そういうストイックなところも自分にはまったくない一面でおもしろい。

ぼくはひたすら感心しながら、

「どれがおもしろいの？　いちばんおもしろいの観《み》せてよ」

と無邪気に頼んだりしていた。自分もお笑いの世界に行きたいとあっちゃんが野心を燃やしていたのがそのコレクションに表れていたにもかかわらず、ぼくはそのことにまったく気づかなかった。

ある日、いつものようにあっちゃんの部屋でゲームをしていると、１本のＶＨＳビデオテープが棚に置いてあるのが目についた。

「なにが録画してあんの、これ？」

と訊《き》けば、あっちゃんが大学１年生のとき学園祭で漫才をやった記録だという。

「なにそれ、初耳！　自分で漫才やったことまであるの？」

ぼくはすごく驚いて、

「これ観ようよ、なあ観せてよ」

とねだった。あっちゃんはすこし渋ったけれど、やがてあっさり折れて、テープをデッキに滑り込ませた。

案外あっちゃんのほうも、慎吾にはいつか観てもらおうかな？　と心のどこかで思っていたかもしれない。

ごく短い漫才だったけど、ぼくは心の底から笑った。

「すごいなこれ！　いままで観た漫才でいちばんおもしろいよ！」

大絶賛の気持ちをそのまま伝えた。

するとあっちゃんは照れもあるのか、憮然《ぶぜん》とした表情で、

「……、いや。ていうかそもそもおまえ、お笑いなんてほとんど知らないじゃん」

と、ずいぶん素《そ》っ気《け》ない態度だった。

たしかにぼくはお笑いについての知識はほぼゼロだった。

流行《はや》りのバラエティ番組くらいは観ていたけれど、漫才やコントのようないわゆる「ネタ」をちゃんと観たことはほとんどなかった。お笑いライブに行った経験も皆無《かいむ》。

そんなやつに、

「いままで観たなかでいちばんおもしろい！」

と言われても反応に困るのは当然だ。

「オレとやろうよ、漫才」

あっちゃんはいつだって、ものごとを俯瞰《ふかん》で見るタイプだ。

人前で初めてやってみたのだというこの漫才についても、

「全力でやったんだし、まあいいや。いい思い出になったし」

などと自己満足に浸ることなんてない。

これは漫才としていかほどのものだろう？　目の前のお客さんは笑ってくれたとしても、所詮《しょせん》は学生のお遊びレベルじゃないのか？

と冷静に分析してしまうのだ。

「どんな漫才よりおもしろいよ！」

などというぼくの能天気な感想には取り合ってもくれなかった。

でもぼくのほうは、
スゴいものを観た！

という興奮が冷めやらない。それで畳みかけた。

「またやんないの、こういうの？　もっと観てみたいんだけど」

でも、あっちゃんはまったくつれない。

「ああ、もうやんない、そういうのは」

コンビを組んでいた相手とも、このとき以来、一緒に活動はしていないのだという。

ぼくは言ってみた。

「えー、じゃあ、オレとやろうよ、漫才。で、お笑いの世界に入る！　ってのはどう？」

ぼくの口調はいつものクセでどうしても軽い感じになってしまう。でもぼくとしては、ありったけの熱意を言葉にのせたつもりだった。

でも、あっけなく否定の言葉が返ってくる。

「いやだよ。そんなのダメに決まってんだろ」

……。あっちゃんは頑《かたく》なだった。まったく聞く耳を持ってくれなかった。

まあ、しかたない。漫才のことなんてなにひとつ知らず、お笑いファンですらないぼくに、いくら熱心に誘われたところで、心に響かないのは当然だ。

あっちゃんにしてみれば、

思いつきで適当なこと言ってんじゃねえよ。

となるのが当たり前。

いやでも、ぼくはこのとき実はかなり本気で、

「漫才、やろうぜ！」

と言っていた。

そりゃ傍《はた》からすれば軽いノリに見えたかもしれないけど、ぼくのなかには不思議な確信があった。

あっちゃんとだったら、きっとうまくやれる。

自分のなかがそんな直観《ちょっかん》で満たされていた。

友だちじゃなくなる覚悟はあるか？

その後、ぼくはことあるごとにあっちゃんに持ちかけた。

「なあなあ、お笑いやってみようぜ、一緒に」

でもあっちゃんの返事は一向に変わらなかった。

「無理だよ。そんな甘いものじゃないんだから」

だとか、

「まともに就職したくないって気持ちはよくわかる。けど、だとしても、お笑いはないな。目を覚ましてほかの道をちゃんと探すんだ」

といった具合に。

おまえとおれの関係が崩れるぞ、と脅《おど》しも受けた。

「コンビなんか組んだら、きっといまのままじゃいられなくなる。友だちでなんかいられなくなるんだぞ。それでもいいのか？」

たしかに芸人や歌手といった、エンターテインメントの世界で活動するコンビやグループの仲は総じて悪いらしい。そういうゴシップはぼくだって耳にしたことがある。

「いやいや、だいじょうぶでしょ？　オレとあっちゃんの仲だよ？　そんなの心配いらないからさ」

いくらそう説いても、ぼくの言葉はあっちゃんの耳にちっとも響かないみたいだった。

ああ、重みのあるセリフを吐《は》ける人間になりたいな。

それともぼくの誘い自体がやっぱりあまりに無謀すぎるのか。

そんなことばかりが頭のなかをぐるぐる駆けめぐっていた時期の、ある晩。

冒頭で述べたみたいにぼくは、居酒屋であっちゃんと正面からぶつかることになってしまった。

「おまえ、本気か？　本当に本気か？」

その日も、ぼくがいつもの話題を切り出した。

お酒がほとんど飲めないぼくは、ウーロン茶を舐《な》めるように飲みながら。あっちゃんは何杯目かのビールを注文していた。頃合いを見てぼくが言う。

「なあ、やろうぜお笑い。だいじょうぶだって、うまくいくってば」

すると、あっちゃんはいつもとはまったく違う反応を示した。

サーモンの刺身から、ぼくの顔へと移した視線がいつになく怖い。

ああ、目の色が変わるってこういうことか……。

そうぼんやり眺めていたぼくに向かって、あっちゃんは訊き返してきた。

「おまえ、本気か？」

凄《すご》まれた気分だった。

完全に気圧《けお》されながらも、うんうん、本気も本気だよ。

自分の意志がちゃんと伝わるように、ぼくは何度もうなずいた。

すると、重ねてもう1回、同じことを訊かれた。

「おまえ、本気なんだな？」

「いやいや、言ってるじゃん。もちろん本気だってば」

ぼくがそう答えた瞬間、あっちゃんは、

「わかった。じゃあもう店出るぞ。行くぞ！」

と叫んで立ち上がった。

え、行くって？　どこに？

ぼくは呆気《あっけ》にとられた。

「どこ行ってなにをするんだよ？」

「決まってるだろ、練習だよ練習」

そう言い放って、店の出口に歩いていく。

テーブルには、あっちゃんが大好物なはずのサーモンの刺身がまだ何切れも残されていた。

いきなり本気モードかよ。よくそんないきなりエンジンをかけられるものだなあ……。なかば呆《あき》れ、なかば感心しながら、ぼくはあっちゃんの背中を追った。

あとを追いかけながら思った。

あっちゃん、ぼくに何度も「本気か？」と訊いてきたなあ。ぼくが本当に本気になるのをずっと待っていたのかもしれない……。

なんだかうれしい気持ちになった。

同時に、背筋にピリッとしたものが走った。

自分の人生が、急に勢いよく転がり出した気がした。

もう、後戻りはできなそうだ。

早足であっちゃんに並ぼうとしながら、ぼくはそうはっきり感じ取っていた。

深夜の鬼稽古

居酒屋を出るとあっちゃんはまっすぐ自分の部屋に立ち寄った。１冊のノートを手にしてすぐ出てくる。

「よし、行くぞ！」

そしてまた夜道を歩く。目的地は近くの大きな公園だった。

「いまから練習だ」とあっちゃん。

ぼくはこのあまりにめまぐるしい展開に、うれしさ半分、とまどい半分だった。

そりゃたしかに、お笑いに本気で臨《のぞ》むことをついさっき約束したばかりだ。

「本気だよ。やろう！」

自分の将来に関わる大事な話であることをちゃんと認識したうえで、そう言った。

でも……。こんな夜遅くからいきなり練習？　これじゃまるで漫画の世界だ。これがあっちゃんの言う「本気」ってやつなのか。でもちょっと熱すぎないか？

公園の街灯の下で、あっちゃんからノートを手渡される。そこにはびっしりと漫才のネタが記してあった。あっちゃんみずから、こつこつ書きためたものだという。

「じゃあそのうちのひとつをやってみるぞ」

とあっちゃんが顎《あご》をしゃくる。

ぼくは「ツッコミ」役を与えられた。

あっちゃんがネタのとおりボケる。

すかさずぼくはツッコんだ。

「ちがうだろ、オイ！」

勢いだけはつけようと、めいっぱい声を張った。張ったつもりだったのに、あれ？　なにかが違う。

どうにも間の悪い、ひ弱な声が、自分の目の前にポトリと落ちるだけだった。

こりゃダメだ。話にならない。お笑いって想像以上に難しいみたいだぞ。早くもそう悟った。

でもそれはそうだ。ぼくはこれまでろくに漫才なんて観たこともないわけで。

なにかのまねをしてみようにも、そもそもまねする対象が、自分のアタマのなかにはほとんどない。

ぼくがひたすら戸惑《とまど》っているのに、あっちゃんは稽古《けいこ》の手を緩める気配なんてまったくない。

「全然ダメ、もう1回！」

これはあれだ、知ってるぞ。できるまでやらされるやつだ。

野球の守備練習で、ノックされた打球をエラーせずうまく処理できた者から練習が上がりになって、できないやつはいつまでも残されて、ノックを受け続けるというあのパターン。

中学1年のころ、野球部に入っていたぼくは守備練習でいつも最後まで残される側だった。あの苦い思い出がよみがえってきた。

あっちゃんの漫才稽古は、いっこうに終わる気配がない。

それどころか、ぼくを咎《とが》める口調がどんどん厳しくなっていく。

人格を否定するような悪口はどんなときでも言わないのがあっちゃんだ。そのぶん、理由のある正当なダメ出しは容赦《ようしゃ》がない。ぼくが怒られまくる姿は「鬼教官とデキの悪い生徒」というコントとでも映ったはずだ。

これは、なにかがおかしい。居酒屋で向き合っていたついさっきまで、あっちゃんはなんでも話せる親友だったのに。

こんなはずじゃなかった……。

心のなかで嘆《なげ》いた。

でも、そうか。あっちゃんは何度も警告していた。コンビなんて組んだら、いままでどおりの関係じゃいられなくなるんだぞ、って。

それをぼくは軽くあしらってきたのだ。

そしていままさに、あっちゃんの警告どおりになっている。

やっぱり、ヤメヤメ！　これまでと同じように、ふつうに和民に行ったり、オリジン弁当食べたりしながらダべろうぜ。そう言えたらどんなにいいだろう。

でも、時すでに遅しだ。

その夜、元住吉の公園の暗がりには、できそこないの生徒を叱《しか》る鬼教官の声がえんえんと響き続けていたのだった。

いつだって「そこそこ」の人生

鬼教官のシゴキは……じゃなかった、あっちゃんとの厳しいお笑いの稽古は、もちろんその夜だけでは終わらなかった。

あっちゃんは本気だ。

いや、ぼくだってぼくなりに本気だし、やると宣言したからにはついていくつもりだった。というか、すでにノーと言える雰囲気なんかじゃない。

来る日も来る日も稽古に明け暮れた。

あっちゃんは、もう単なる友だちというのではない。「相方」ってやつである。

こんなぼくと一緒になって、あっちゃんはお笑いの道を目指してくれている。ありがたく思わなくちゃいけない。

が、ツッコめどもツッコめどもうまくいかず、怒られっぱなし。そこまで言うか？　というほどダメ出しをされた。

つらい……。でもここはがんばる。がんばるしかない。

長野県諏訪地方の寒冷地で生まれ育ったぼくは、「この土地の者は粘りと忍耐力が持ち味だ」と聞かされてきた。自分にはその持ち味がなぜかまったく備わっていなかった。それでもここはむりやり信じ込んだ。

諏訪育ちのオレの粘りを、ナメるんじゃないぞ！　って。

それに、じつを言えば、どこか打算的な気持ちもあった。

ぼくだって何者かになりたい。ひととは違う、抜きん出た、ド派手なことをしたい。ひらたく言えば「ビッグになりたい！」。せっかく生きるんなら、そうありたい。ここを耐えれば、そこに近づけるかもしれない。

すこし冷静になって考えれば、いやでも気づく。自分にはひとより秀《ひい》でたものなんてなにもなかった。

ちいさいころから、勉強やスポーツがまったくできないわけじゃなかった。学校での人間関係もそこそこうまくこなせるほうだった。いやむしろ、「クラスの人気者」的なポジションにいる時期のほうが、どちらかといえば長かった。

なのだけど、ぼくの決定的な弱点は、

「これだけはひとに負けない！」

「だれよりもこのことが好き！」

と言えるような、強い情熱を傾ける対象を見つけられたためしがないことだ。いつだって、すべてが「そこそこ」だった。

なにか大きいことをやるひとは、だれにも負けない強い気持ちや、「熱」を持っているものじゃないか？　そういうのが自分には欠けているってことは、ぼく自身いちばんよくわかっていた。

そんなぼくが、デカいことをするにはどうすればいいのか。自分の内側をいくら探しても、圧倒的に情熱を傾けたくなるなにかは見つかりそうにない。ならば、手っ取り早くひとの力を借りるしかないじゃないか。

だれだって、ひとと仲良くしたり協力するのはいいことだと、ちいさいころから教えられて育つはず。だったら自分の力じゃなくって、ひとに頼ってなにかを成そうとすることも、きっと悪くはない。

じゃあ、だれに頼るのか。そのときのぼくには、もちろんあっちゃんしかいなかった。

このひとの言うことなら、聞ける

このひとに頼ろう。くっついていけば、自分ひとりじゃ決して見られない光景をきっと見せてくれる。

そう信じさせる雰囲気があっちゃんにはあった。自分の人生を自分で切り拓こうとする熱量みたいなものが、圧倒的だった。

二十歳《はたち》そこそこのやつらなんてたいてい、不安、期待、絶望、すべての感情が入り混じったモヤモヤを抱え込んだまま、どうしたらいいかわからず立ちすくんでいる。具体的な行動なんてそうそう起こせやしない。

でもあっちゃんは違った。同い年なのに、本当にスゴいなあ。単純に、素直に、そう思わせられた。

のちにぼくらがオリエンタルラジオとしてデビューして、出世ネタ「武勇伝」で何千回と繰り返すことになるフレーズは、このころからずっとぼくの頭のなかで鳴っていたのだ。

「あっちゃん、カッコいい〜！」

って。

こんなひとと出会えたことを、全力で喜ぼう。そして同時に、言葉は悪いが大いに利用させてもらおう。そう考えていた。

あっちゃんと同じ未来を思い描いて歩いていくのは大変そうだ。実際にぼくは、その初日から音《ね》を上げたくなった。

でも一緒にいれば間違いなく、上昇気流に乗せてもらえそうだ。そんな打算も働いていた。

自分の将来のことだろうに、ひとに頼ってばかりでどうするんだ？　若いうちからそんなふらふらした態度でどうする！

そういう声はごもっともなんだけど、ここはひとつだけ反論したい。

ぼくだって、みだりに自分の運命を、ひとに預けたりはしない。相手の見定めはちゃんとしているつもりだ。

このひとになら乗っかりたい、信頼できそうだし、意志・能力・気力もじゅうぶんにありそうだから、と。

つまりぼくは、あっちゃんなら絶対にだいじょうぶだと踏んで、あっちゃんを選んだ。

このひとの言うことなら、聞ける。つらくていろいろ文句を言ってしまうこともあるかもしれないけれど、きっといい方向に進んでいくはず。心からそう思えた。

信じられるひとを自分でしっかり選んだのなら、あとは相手の姿を見失わないようにしっかりついていく。

そんな生き方があったっていいじゃないか。

だれもが先頭を歩こうとする必要なんてないのだ。

「自分から道を掻《か》き分《わ》けようとはしないのか？ ひと任せで本当にいいのか？」

と問われたら、もちろんそれでいいんだと、ぼくは答えたい。

そんなところで自分のちっぽけなプライドを通す必要なんてない。

それよりも、一緒に歩くひとをこの目で選び、道を照らしてもらいながら、ともに楽しく歩いていく。

そっちのほうがぼくにはずっと大切だし、そういう生き方のほうが性《しょう》に合っていたのだ。

ミーハー中のミーハー

そうやって、あっちゃんという格好の導き手を得て、ぼくはお笑いの道に踏み込んだ。

アルバイトを終えるとぼくらは決まって元住吉のいつもの公園に出かけていき、来る日も来る日も漫才の稽古に明け暮れた。

すこしでもうまくなっているのか、成長しているのか、自分じゃ正直なところよくわからなかった。

なかなか進歩しなかったんだろう。あっちゃんに怒られっぱなしなのは、まったく変わる兆《きざ》しもなかったから。

それまでの付き合いから、ぼくはよく知っていた。あっちゃんは嘘《うそ》をつかない。思ってもいないことを口にしたり、なにかに忖度《そんたく》してものを言ったりすることはない。

あっちゃんがガミガミ言うってことは、ぼくの漫才がちっとも満足のいくレベルに達していない証拠だ。

ぼくはお笑い芸人になりたいというよりも、ただ華やかな芸能界への憧《あこが》れだけが漠然とある、ミーハーなやつだった。

お笑いでもいいかな。いちおう芸能界だしね。どんなかたちでも、デビューしちゃえば芸能人でしょ。

などという甘い考えが、心のうちにあった。それが滲《にじ》み出ていたのだろう。

長野県と山梨県で過ごしていた中学高校時代、ぼくはずっと木村拓哉さんに憧れていた。ほかにも俳優でいえば窪塚洋介さんや、同い年の小栗旬くんがすごく好きだった。

大学生になって上京してからは、渋谷の道玄坂で一度だけ、芸能プロダクションのスカウトを名乗るひとに声をかけられたことがあった。めちゃくちゃテンションが上がったものだった。

結局そのときは、オーディションを受けるまでには至らなかったんだけど。

大学生時代にはほかにも、たまたま街頭インタビューみたいなのを受けたことがあった。それだけで、

「おお！　オレってすこしはイケてる？　歩いているだけで声かけられちゃうなんて選ばれし者なのかも！」

と勘違いしそうになったこともある。おめでたいやつだ。

単純な田舎者だったぼくは、有名人になることに、ただバカみたいに憧れていただけ。なにか具体的な努力や行動をするというのでもないくせに、華やかな世界に興味津々《しんしん》ではあった。

とはいえ、芸人という道はまったく頭になかった。ほとんど関心を持っていなかったのである。

それなのに勢い、予備知識も思い入れもないお笑いの世界に飛び込んでいこうというのだから、われながら無謀だ。

全力で「先生」たるあっちゃんに食らいついていく。食らいついていく以外になかった。

確率0・1%の挑戦

ぼくに進歩が見られたからではない。むしろ、このままじゃ埒《らち》が明かないということなんだと思うけど、あっちゃんは次のステップに進んだ。

吉本興業の芸人養成所、通称「NSC」。われわれはここに入らねばならぬ。

あっちゃんはそう言い出した。

いまでこそ認知度が高まってきたものの、20年近くも前の時代、この養成所の存在は一般にはあまり知られていなかった。吉本興業の存在くらいは、さすがにぼくだって知っていた。お笑いで身を立てるには吉本に入るのが王道だろうことくらいは、なんとなくわかっていた。

でも、吉本に行くためにはまず養成所に入り、1年間の授業を受ける必要があるなんて初耳だった。

お笑いを学校で学ぶなんて、なんだか不思議な話だなとも思った。

けれど、あっちゃんいわく、「ここがいわば登竜門なのだ」と。ハナから特別な才能に恵まれているならいざ知らず、凡人は養成所で学ぶのを避けては通れないのだという。

ならばとNSCに入ることを同意したが、第一関門となるのは入学金だった。

当時は40万円というけっこうな額を、まとめて振り込まなければならなかった。

手元にそんなお金があるはずもない。あっちゃんとぼくは、それぞれアルバイトのシフトをめいっぱい入れて、お金を貯めるところからはじめた。

ただしその間も、自主的な稽古が免除されるわけじゃなかった。

むしろこの時期に、あっちゃんとの稽古は厳しさを増した。入学までは鋭気を養っておこうなんてことには決してならない。まったく逆で、入学までになんとかサマになるレベルに持っていかなければと、ハードルが上がったのだ。

ＮＳＣを目指すにあたって、今後の戦略について話し合う作戦会議も開いた。

いや、会議というよりレクチャーかな……。ぼくが一方的にあっちゃんの戦略を聞いて、ふむふむわかった、がんばるよと答えるだけだったんだから。

そこであっちゃんは、一大方針を打ち出した。

ＮＳＣには、入学試験がいちおうはある。だが、それは当然受かる前提で話は進んだ。普通に相手とのコミュニケーションができさえすれば、たいていはパスできるという噂《うわさ》だったから。

入試対策をする必要はあまりない。それよりも、いざ入学してからのほうが問題だ。

東京と大阪にあるＮＳＣには、毎年１０００人単位の入学者がいる。そのなかで、曲がりなりにも芸人としてデビューにこぎつけられるのは、ひと組あるかないか。

華やかなステージに立てるところまで上り詰める確率は、かなり低いわけだ。

ということは、だ。漫然と授業を受けて、「たまにウケればラッキー！」という態度で講師陣へのネタ見せをしていてはダメだ。そんなことではデビューできない大半の側になってしまうのは明らか。

それではいけない。ぼくらは本気の本気なんだ。

そこであっちゃんが考えたのは、スタートダッシュをかますための方法だった。

入学するまでのあいだに、持ちネタを100本用意するぞ！

とぶち上げたのだ。

武器はネタ100本

NSCは学校とはいえ、たったの1年制だ。うかうかしてたら、あっという間に時は過ぎてしまう。授業で定期的に講師陣にネタ見せできる機会があるとはいえ、それを「授業の一環」としてただこなしていたら、なにも起こらないまま1年が終わるに決まっている。

ネタ見せは毎回、芸人になれるかなれないかを懸けた、一発勝負のオーディションだ！

それくらいの気概《きがい》でいかないと、学校でトップになんてなれやしない。NSCを普通の学校と捉《とら》えて、そこにいるうちになにかを学べればいいといった気持ちでいてはいけない。それでは得られるものなんてひとつもない。駆け抜けるぞ！　あっちゃんはそう号令をかけた。

いざ駆け抜けるには、準備万端でなければならない。入学時期まで、あと2ヵ月。そのあいだにあっちゃんは、武器となるネタ100本を、自分で書きためたノートのなかからピックアップして磨《みが》きに磨く。

それをぼくらはいつもの公園で、繰り返し繰り返し演じて、身体に覚え込ませる作業に打ち込んだ。

そうするうち、入試面接の日がやってきた。1分間のアピールタイムというものがあり、そこでぼくらは練習しまくった漫才をやり切った。

入学試験にパスするだけなら簡単なはずだった。でも、ただの面接と考えてはいけない。ぼくらにとってこれは、面接という名の勝負なんだ！　オーディションの場だ！　なんとしても相手に強いインパクトを残すんだ！

そういう気持ちでぶつかっていった。

「どっかで漫才やってたことあるの？　え、初めて？　ふーん。はい、次のひと」

というのが、面接官をしてくださった方の反応だった。ずいぶん素っ気ない。でも「やってたことあるの？」と言われたということは、「なかなかやるじゃないか」という意味だと受け取れないこともない。悪くない反応だったように思える。

結果、無事に合格。ただ、そこは当然のこと。入ってからが肝心《かんじん》なんだ。絶対にスタートダッシュをぶちかまさなければ。かなり気負って、学校に通いはじめた。

ＮＳＣにはいろんな授業があって、座学もあればダンスなどのレッスンもある。せっかくだからとぼくは、すべての授業にせっせと出席した。どれもこれまでの自分がまったく知らないことだったから、単純に新鮮でおもしろかった。

一方のあっちゃんはといえば、そういうお笑いに直接つながるかどうかわからない授業には、ほとんど出ようとしなかった。それよりもネタ見せという勝負のときに備えて、神経を集中していたみたいだった。

あっちゃんはなんとしてもネタ見せでインパクトを残すのだ、という気概にあふれていた。影響されやすいぼくもおのずとそうなった。

平均点じゃ意味がない

春に入学して、夏がはじまるころになって、ようやくネタ見せの授業がはじまった。

ひと組につき、持ち時間は3分。ぼくらは練習してきたネタをきっちりとやり切った。ミスらしいミスもなかった。

さあ、どうだろう？　すこしは感心されたりするだろうか？

いきなり認めてもらえて、目をかけられたりしちゃうかも？

期待して講師の方の言葉を待っていると、

「最初っからずいぶんしっかりしてるな」

と評された。ただ、それが特に褒《ほ》め言葉というのでもなさそうだった。手馴《てな》れた感じがアドバンテージになるわけでもないのは、口ぶりからわかった。

そのあと、いくつか細かい点を指摘されて、おしまい。

けなされたり、どやされたりしたわけじゃない。滑り出しとしては悪くなかったんだろう。

ただ、どうにも手応えがなかった。

そこでぼくらは気づいた。それっぽく漫才をすれば、それでいいというわけじゃないのだ。それじゃただの自己満足である。

お笑いの世界では、平均点をとることなんて、ほとんど意味がない。観てくれるひとの感情を強く揺さぶってこそ、初めてお笑いと言えるんだ……。

エンターテインメントというものの意味、そして仕組みみたいなものを、教えてもらえた気がした。

お笑いをやるぞ、勝ち抜くんだ！

そう固く決意しているぼくらは、ここで立ち止まっているわけにいかない。

ネタ見せの機会はその後、どんどんやって来た。自主的な稽古と試行錯誤《しこうさくご》を重ね、毎回エントリーをして、講師と生徒たちの前でネタを披露し続けた。

場数だけは、いくらか踏むことができた。でもぼくらの立っている位置は、最初のネタ見せのときからほとんど変化しなかった。

そこそこの評価は得られるものの、なかなか突き抜けられないという状態。

このままじゃ、なんとなく1年が過ぎてしまう……。それはぼくらがいちばん恐れていたことなのに。

事前に100本のネタを用意していたとはいえ、自信のあるものから披露していったので、「これぞ」というものがなくなってきた。

頼りのあっちゃんも、いつしか行き詰まった雰囲気を醸《かも》し出《だ》すようになっていた。

中田伝説

次のネタ見せに出すべきものがもうない……。そこまで追い詰められてきてしまった。

途方《とほう》に暮れて、ふたりでネタ帳を覗き込んでいた。

するとあっちゃんが言った。

「ああ、どれがいいのかも、もうわかんねえ！　慎吾、好きなの選んでくれよ」

放り投げるようにして、ネタ帳をぼくに渡してきた。

びっしり書き込まれたそれをあらためてパラパラとめくった。

こんなに必死にやっているんだ、どれもイケてるよ、カッコいいよあっちゃん。

ぼくのなかに、そんな気持ちが込み上げてきた。

だから、というわけでもないけれど、

「うーん、じゃあこれ！　これにしようよ」

ぼくはひとつのネタを指した。「中田伝説」とタイトルが付いているものだった。

それはこんな感じのネタだ。

まずボケ役のあっちゃんが、

「オレってスゴいんだよ」

と、破天荒《はてんこう》な自慢話をつぎつぎ披露していく。

「チョキでグーに勝つ」

とか、

「ジェットコースターは途中下車」

とか。ツッコミ役のぼくは、あり得ない武勇伝ばかりなのにいちいち感心して、

「スゴいな！　チョキのポテンシャルを最大限に引き出して！」

などと、ノリノリで合いの手を入れていく。

漫才というより、テンポのいい言葉の応酬といったところだ。

これが認めてもらえるのかどうか、漫才としておもしろく見せられるかは、ちょっとわからない。

でも、なぜかピンときた。これがいいよ、きっと。そんな気持ちに素直になれた。

ぼくらはこの「中田伝説」を練習して、次のネタ見せの授業に持っていった。

講師の先生は基本的にいつも無愛想《ぶあいそう》だし、生徒たちのネタを褒めることなんてめったにない。いや、これまでにだれかが褒められていることなんて、一度たりとも見たことがなかった。

それなのに。ぼくらが「中田伝説」を演じ終わると、先生は褒めてくれるとまではいかないまでも、

「うーんこれは……。なにかあるかもしれんな」

と言ってくれた。かなりの好感触、ということだ。

お笑いを志《こころざ》してから初めて、ほんのすこしでも報われたという実感が持てた。

ただ、そうはいっても、手放しで認めてもらえたわけじゃない。工夫していけば、ひょっとするとモノになるかもしれないと言われただけだ。

でも、ぼくらはそこにすがりつくしかない。

そこから2ヵ月ほどのぼくらの時間と熱量は、このネタをブラッシュアップしていくことだけに注がれた。

アタマにただ歩いて登場するんじゃつまらないから、ヘンな歩き方にしようよ。

もっと全編リズムに乗って、踊っているみたいにやっちゃうってのは？

いっそラップだよ、喋《しゃべ》るというより、もうラップみたいに歌っちゃおうぜ。

アイデアはどんどん湧《わ》いた。主にあっちゃんが思いつくのだけれど。

それらを全部取り入れて改良していったら、これまであまり見たことのない、奇っ怪なネタができ上がっていた。

そう、これがそのまま、ぼくらオリエンタルラジオが、デビュー直後からちょっとした流行を生み出せた「武勇伝」ネタの原形になったものだ。

「実力不足」という大問題

最初の披露から2ヵ月後の授業。ぼくらなりに磨き上げたつもりのネタを、再び見てもらえることになった。

出だしから終わりまで、とにかく勢いよくリズミカルに、ぼくらは演じ切った。すると、周りで見ている生徒たちにまでドッとウケた。ライバルとなるほかの生徒のネタで笑うことなんて、まずあり得ないというのに。

講師の先生からも望外の言葉をもらった。

「おまえらが今年のナンバーワンやな」

とまで言ってくれたのだ。さらに、

「Ｍ－１も、準決勝まではいけるで」

とも。ちょうど新人お笑いの登竜門、Ｍ－１グランプリの予選がはじまるタイミングだったのだ。

ぼくらももちろんエントリーしていたから、このひと言は大いに励《はげ》みになった。

そうして講師の予言どおり、ぼくらはその年のＭ－１グランプリで、ほんとうに準決勝まで進むことができた。

優勝はできなかったけれど、こんなキャリアの浅いぼくらにとってみれば、快挙中の快挙だ。

ぼくに至っては、お笑いの知識が人並み以下だったところから、一挙に引き上げられてここまで来られたのだ。自分ではただただ驚くばかりだし、あっちゃんへの感謝の思いしかない。

いまもそうだが、当時から、M－1グランプリの知名度と注目度は高かった。準決勝進出者のぼくらを、人気番組『エンタの神様』のスタッフがおもしろいと言ってくれたという。

NSCを通して、ネタを見たい、オーディションを受けに来てもらえないかと、ありがたい声がかかった。

NSCに通っているあいだはテレビ出演はできないというルールがあるので、すぐにデビューとはいかなかったけれど、ぼくらは番組スタッフへのネタ見せも順調にこなすことができた。

それで、卒業と同時にデビューという幸運にありついたのだった。

デビュー後も幸いなことに、「武勇伝」ネタがいきなりヒットした。

吉本興業が大々的にプッシュしてくれたことから、ぼくらはいきなりいくつもテレビ番組のレギュラーを得たし、ついに2年目から冠《かんむり》番組まで持たせてもらえた。新人としては破格の扱いだ。

自分たちを取り巻く環境は急速に変わっていった。なんとかその変化についていこうと、ふたりとも必死になった。

ただ、大きな避けられぬ問題がひとつ、ぼくらの前に横たわった。それは、圧倒的な実力不足という事実だ。

実際のところ、ぼくらは勢いだけで祭り上げられている状態だった。どう考えたって芸人としての力量も経験も足りていない。それは自他ともに認めるところ。

大きな仕事を続々といただいても、イマイチうまくこなせなかったり、不完全燃焼になってしまったり。できるかぎりもがいてはみたけれど、限界はあった。

案の定、ブームと人気はそれほど長く続かなかった。

そこからぼくらは、ジェットコースターに乗ったみたいに急上昇と急降下を味わうハメになる。

のちの運命はともかく、ともあれこの時点では、目標にしていた「お笑いの世界へ！芸能界へ！」という野心だけは首尾《しゅび》よく達成できたことになる。

才能あふれる相方のとなりで

この成功体験は、ぼくにとってなにものにも代《か》え難《がた》いものだった。一時的なブームで終わったとはいえ、名前と顔はじゅうぶんに売ることができた。数え切れないほどの仕事を通して、得難い経験を山ほどさせてもらえた。

これは素直にありがたいことだ。

もちろん、いくら楽天的なぼくにだって、階段を駆け上がっていく途上でふと疑問が頭をよぎることはあった。

ぼくらのネタを考えていたのはあっちゃんだった。自分たちをどう売り込んでいくかといった戦略を考えるのもあっちゃんだ。

ぼくはいままさにエンターテインメントの世界に分け入っていこうとしているのに、思えばクリエイティブな部分をなにひとつ担っていないんじゃないか？　これでいいのか、だいじょうぶなのかな？　と不安にもなった。

自分に対する本当の自信は生まれていなかった。すごいスピードで、どんどん未知の世界へ分け入っていくことへの不安もかなり大きかった。

それでもよくよく考えてみれば、ぼくはこういうふうにしか道を切り拓いていくことができないんだから、これでいいのだと思い直した。

だれがネタをつくっていようと、オリエンタルラジオが提供する笑いを、お客さんが楽しんでくれるのならそれでいい。

「オレが創造した笑いで、みんなを揺さぶってやるんだ！」

といったこだわりはぼくにはハナからない。ぼくがやりたいことの中心は、自尊心や自《じ》我《が》を満たすことなんかじゃない。

笑いのある場を生むこと。それが目的だというなら、周りにあるものをなんだって使えばいい。ありがたいことに、ぼくの横にはいつも頼りになる相方がいる。ぼくらの笑いをつくるために、あっちゃんにはその才能を存分に使ってもらおうじゃないか。

ぼくはぼくで、才能あふれる相方のとなりで、自分にできることを懸命にやればいいのだ。ぼくなりに貢献できることは、なにかきっとあるはずだから。

そんな思いでぼくはあっちゃんに、そして、めくるめく数々の状況に何度も振り落とされそうになりながらも、どうにかこうにか食らいついていった。

第2章

ペラッペラの「チャラ男」

世界をありのままに受け入れる

どん底

そのときぼくは、まさにどん底をさまよっていた。

性格はのんびり、楽天的なほう。だからなにか困ったことがあったとしても、これまではあまり深刻にならず、うやむやにして済ませてきた。

でも、あのころだけはさすがに危なかった。自分のなかの「我慢《がまん》の水位」がギリギリいっぱいにまで高まってしまって、あとちょっとの刺激が注ぎ足されたらあふれてしまいそうだった。

オリエンタルラジオとして芸能界にデビューして数年が経ったときのこと。ぼくらは、民放テレビ局の大型特番に出演させてもらっていた。

各人気番組のレギュラー陣がこぞって出演する、豪華で晴れやかな場だった。番組ごとに席が用意されて、クイズに答えたり未公開映像を紹介したりと、賑《にぎ》やかに進行していった。

デビューしてすぐブレイクすることができたぼくらは、またたく間にたくさんの出演番組をもらえた。でも所詮《しょせん》、ぽっと出の新人。明らかに実力不足で、どの番組もあまりうまくいかない。

数年のうちに、じりじりとレギュラー番組を減らしていってしまった。

まだこのときは、自分たちの出演番組をぎりぎりでいくつかキープできている状態だった。それでいちおうは最前列の席に、錚々《そうそう》たる方々とともに並んで座っていられた。

各テレビ局の特番というのは、芸能人にとって晴れの舞台だ。若手芸人だったら、びびりながらも大いに奮い立つべきところ。並み居る出演者を押しのけてでも目立つことをして、すこしでも爪痕《つめあと》を残してやろう、目立ってやろうと、あの手この手を考えるのが普通だ。

……でも、ぼくらはなにもできなかった。

いや、なんとかしたいという気持ちは人一倍強かった。ここで挽回《ばんかい》しなきゃジリ貧だぞ！　という危機感が肩にのしかかっていた。

だから何度も爪痕を残そうと試みたつもりだった。最前列に席を与えられているのだから、自分たちにカメラが向けられるタイミングはあったし、見せ場をつくるためのお膳立《ぜんだ》てだって諸先輩方にしてもらった。

けれど、からっきしだ。とっさにうまいことも、おもしろいこともなにも言えなかった。最前列なんかではなく、うしろのほうの席に座っていても、次長課長さんや品川庄司さんといった先輩芸人はどんどん前に出て、ビシバシ笑いをとっていたというのに。

すごいなあ、あのひとたちは。かっこいいなあ。

感心しながらも、自分たちの無力さ、不甲斐《ふがい》なさに、収録時間が経過すればするほど打ちひしがれていくばかりだった。

トラウマ

ぼくらの焦りをよそに、番組は着々と進んでいく。

このままなにもできず終わってしまうのか……、とうなだれかけたそのとき、司会の方がぼくらに話題を振った。

絶好のチャンス到来！　のはずだった。素直な、打ちごろの球が自分たちに向けて投げられたのだ。

あとは思い切りフルスイングして、できるだけ遠くまで球を運び去ってしまえ！　球が落ちる先には笑いの渦が巻き起こるだろう。

それなのに、ああ……。ぼくらはそこで、これ以上ない見事な空振りをしてしまった。せっかく話を振ってもらったというのに、ここまでスべりまくっていたぼくらには、当意即妙におもしろいことを言う自信がまるでなかった。正直、なにをどうすればいいのかすら思いつかなかった。

そこでどうしたか。血迷ったぼくらは、

こうなったらできることをやるしかない！

という間違った決意を固めてしまった。席を離れてずかずか前に出ると、

「武勇伝、武勇伝、武勇デンデンデンデン！」

いつにも増して全力で、十八番《おはこ》の「武勇伝」ネタをした。なんの脈絡もなく、だ。

そのときの会場の静まり具合ときたら。

あんなに怖い場面は、ほかになかなか思い起こせない。いまだに、あれほど肝《きも》を冷やしたことはないし、その場にいるのがいたたまれなかったこともない。

これは当然の結果。だってぼくらは番組の、という以前にひととひとのやりとりとして

も、流れをまったく無視してしまった。そのときその場で求められているものとはまるで違うものをぶつけてしまったのだ。

場が凍りつくのは当たり前だろう。

空気の読めないぼくらによって、一瞬ワケのわからない雰囲気に包まれた巨大なスタジオはしかし、百戦錬磨《ひゃくせんれんま》の先輩方によってすぐに何事もなかったように軌道修正された。

番組はつつがなく、先に進んでいった。

傷つき虚《うつ》ろな目をして、あからさまに、

「やらかしてしまった……」

とショックな顔をさらしたぼくらふたりだけが、凍《い》てついた空気のなかにいつまでも取り残されていた。

ぼくらのやったことはさっさと「なかったこと」とされ、挽回の機会が与えられるはずもないまま、番組は終了した。

ぼくのメンタルは、完全に崩壊してしまった。

相談相手なんていなかった

落ちるところまで落ちたな……。

ただただ、そう思った。

いや周りからすれば大したことではないのかもしれない。今回の大型特番では見事にスベったかもしれないが、オリエンタルラジオといえばテレビレギュラーを何本も抱える若手売れっ子芸人。そういう認識もまだ残っていたはずだから。それに、「オリエンタルラジオってあれでしょ、武勇伝のひとたち！　デンデンデデンデン、あっちゃんカッコいい～、っていうのをやってるふたりでしょ？」

そうわかりやすくひとに覚えてもらえる「キラー・コンテンツ」だって持っていたのだ。ある程度の売れっ子感は、対外的にはむりやりにでも出していた。だが実態はといえば、すでにひたすら下降線をたどっていた。

デビュー2年目に冠《かんむり》番組を持たせてもらえたころをピークに、それ以降は出演番組がひとつ減り、ふたつ減りという調子だった。

数字以上に、内実もそれはそれは酷《ひど》いものだった。名前を広く知ってもらえたとしても、冠番組を持っていたとしても、ぼくらはぽっと出の新人にすぎない。圧倒的に芸人としての実力が足りない。

ぼくらの番組では、先輩芸人の方々がロケに出てくれることもあった。そういうときの先輩たちは、さぞやぼくらを冷ややかな目で見ていたことだろう。

「持ち上げられてるからって、いい気になるなよ」

と。芸人の先輩で、ぼくのことをおもしろいと言ってくれるひとなんてだれもいないだろうと感じていたし、そう思い込んでもいた。なんでも打ち明けられるような懇意《こんい》なスタッフだっていなかった。

心を開いて仕事のことを相談できる相手なんて、どこにも存在しなかった。

そんなときこそ、相方と助け合えばいいいじゃないかと言うかもしれないが、当時はあっちゃんとの関係もギスギスしていた。

目が回るほど忙しくて、でも自分たちの力が足りずに、やることなすことうまくいかない。それはふたりともひしひしと感じていた。すると若いぼくらはどうしても余裕がなくなって、ミスをどちらかのせいにするようになり、コンビ仲は悪くなる一方だった。

「見捨てへんから」

ふたりのあいだがそんな雰囲気だから、新しいネタをつくろうとしてみても、いっこうにうまくいきやしない。

疲弊《ひへい》して、八方塞《はっぽうふさ》がりで、心が折れかけていた。

そんなときに回ってきた、大型特番の出演だった。

なんとか現状を打破しなければと気負ったものの、実力不足ゆえ空回りして、悪循環になってしまう。番組内で起きたことは、ぼくらコンビの現状をまさに忠実に反映していた。

打ちひしがれて「今日も眠れないんだろうな」と考えながら、テレビ局をあとにしようとするぼく。その背中に声をかけてくれたひとがいた。

先輩お笑いコンビ、次長課長の河本準一さんだ。

同じ大型特番に出演していたのはもちろん知っていた。けれど、それまで河本さんとは、現場で顔を合わせればご挨拶《あいさつ》をするというくらいの、通《とお》り一遍《いっぺん》の間柄にすぎなかった。それなのに、

「おう、さっき見たで」

と、わざわざぼくのもとへ来てくださった。

「なんか、武勇伝とかやってたやんか！。むちゃくちゃなタイミングでなあ」

河本さんはただからかい半分で言っているわけじゃなかった。なりふりかまわず、必死になって自分たちのネタをやったぼくらの行為を、意外にも褒《ほ》めてくれた。

「なんかおまえら、めっちゃがむしゃらにやろうとしてたよなあ。まあ、全然ウケてへんかったけどな。でも、なんかやろうとはしてたやんか」

ああ、実力うんぬんの話をしているんじゃないんだ、このひとは。コトを起こそうという姿勢、力のかぎりおもしろいことをしようとする気持ちを買ってくれている。

「安心してええで。ああやってがむしゃらにがんばってるやつのこと、絶対におれらは見捨てへんから」

その言葉はぼくにとって、天から差し込んできた光のように感じられた。

芸人になって初めて、自分のことを肯定してもらえた気がした。

ろくに先輩付き合いもしてこなかったぼくに「見捨てへんから」とまで言ってくれるなんて。ただ、うれしかった。

仲良し作戦

その日をきっかけに、ぼくは吉本興業の芸人の方々と、いわゆる先輩後輩のお付き合いをさせていただくようになった。それまでぼくらコンビは、

「どうせぼくらのようにいきなり出てきた後輩のことなんて、よく思われていないに違いない」

と、勝手に距離をつくっていた。

でも、そんな狭量なぼくらの考えを超えて、先輩方は大きな包容力や、この世界で生き抜く知恵を持っている。そのひとたちを頼っていいんだと、ようやく悟ることができた。

ぼくが急速に河本さんになついていったのは言うまでもない。ぼくにとっては救世主なのだ。

「ご一緒させてくださーい！」

そう調子よく参《さん》じ、夜な夜ないろんなところに連れていってもらった。

そこからいろんな芸人仲間ともつながって、人脈はあっという間に拡がった。

ひとと深く接すると、自分のこともはっきり見えてくる。

「おまえ、MCとかやってるからもっと真面目なんかと思ってたけど、めちゃめちゃアホやし、ノリ軽いなあ。そうかと思えば、こうやって先輩のとこ来て妙に律儀《りちぎ》やしな」

河本さんにそう言い当てられたりもした。

この流れで、タカアンドトシのトシさんにも同じようによく遊んでもらったものだった。

いったん心を決めさえすれば、信頼する相手の懐《ふところ》に無防備に飛び込んでしまうことが、どうやらぼくは苦手じゃないらしい。

そういうことは、あっちゃんよりもずっと身軽にできるのだった。あっちゃんはむしろそういうのは得意じゃなかった。この点では「すごいな、おまえは」と珍しく褒めてくれた。

あっちゃんも思うところがあったのか、そのころ「仲良し作戦」の相談を受けたことがある。

ちょうどふたりで吉本興業の社内会議室にいたのだけど、あっちゃんは隅にあったホワイトボードを引っぱり出してきて、関係図を描きながら、

「いまからこの先輩とこの先輩。あとこの先輩とも仲良くなってみようと思うんだ。どう

かな？」

なんてことをやり出した。真面目というかなんというか、どんなことでもきっちりとした考えのもとで進めたい、あっちゃんらしい行動だ。

それでも計画を立て、実践し、結果を出すのがあっちゃんのスゴいところ。すぐにタカアンドトシのタカさんと行動するようになった。

こうして「先輩となじめないオリエンタルラジオ」というイメージは、徐々に払拭《ふっしょく》されていった。

周りに頼って自分を浮上させ、生き延びること。それは決してカッコ悪いことや、潔《いさぎよ》くないことなんかじゃない。

自分たちだけでなんとかしなければという、デビュー以来抱いていた突っ張った気持ちが、ここでようやくほぐれていった。自我《じが》やプライドなんて邪魔になるだけだと、先輩方に身をもって教えてもらった気がする。

「ダウンタウン」という正解

デビューしてからしばらくのぼくらはかなり頑《かたく》なだったんだなと、いまになって思う。お笑い芸人としてなんらかの期待を背負ってデビューしたからには、ダウンタウンさんという「正解」に一歩でも、半歩でも近づこうと無理を重ねていた気がする。

ぼくら吉本興業の芸人にとっては、

「ダウンタウンを目指せ！」

というのが共通の理念みたいなものになっている。

コンビ芸人だったらダウンタウンさんのようにまずは圧倒的なネタの力を磨《みが》き、そのうえでゴールデン帯の番組を持ち、いろんな芸能人や芸人の真ん中に立って場を回して、ボケてツッコんで笑いをとる。これが究極のかたちであり、目指すところなのだ。

ぼくらも当然、そこを目標にした。しかも幸い、デビュー時は吉本興業のイチオシの立場にさせてもらえて、上層部からは、

「君らはダウンタウン、ナインティナインの次を担うんやぞ。しっかりやれ」

と発破《はっぱ》をかけられたりもした。そりゃもう有頂天《うちょうてん》にもなるし、あらゆる精力を傾けようとやる気になった。

ぼく自身、デビュー当時はなかなか勉強熱心だった。毎晩家に帰るとダウンタウンさん、ナインティナインさんが出ている番組をチェックして、ツッコミやトークの回し方を、ノートを手に一字一句文字に起こしたりしていた。

熱心は熱心だが、方向性はちょっとずれている。だって、いくらダウンタウンさんを教材として、ビデオテープが擦《す》り切《き》れるほど繰り返し番組を見たり、メモを取ったりしたって、あのひとたちと同じ存在になれるわけじゃない。

自分はそんな器《うつわ》ではないし、そもそもお笑いを完コピしたって意味なんてないに決まっている。

それでも当時は、見えているゴールがダウンタウンさんなのだ。そこにどうしても辿《たど》り着《つ》きたいとの一心になる。

自分なりに努力は尽くしていたつもりだった。それでも結果は出ない。実力もないのに会社の強いプッシュでいただいていた仕事は、どんどん減っていった。つらかった。

ぼくの評価はゼロ

これは、だれもが陥《おちい》ってしまいがちな落とし穴だと思う。「ゴールはこれ」と最初に決めつけてしまって、その目標設定に束縛され、そこに近づけなくて苦しみまくるというパターン。かなり、ありがちだ。

結局ぼくらは数年かけて、自分たちがダウンタウンさんではないという、あまりに当たり前すぎる事実にようやく気づいたのだった。

ずいぶん時間をかけてしまったものだ。

そのあいだずっと、悩み苦しんだ。なにがいちばんつらかったかといえば、デビュー以来しばらく、だれにも褒めてもらえなかったことだろう。

デビュー直後は当然ながら、共演者はみんな芸能界の先輩の方々ばかりということになる。スタッフもほとんどがかなりの年上だ。自分たちのマネージャーも含めて、そうした年長のひとたちがこぞって自分たちを、胡散臭《うさんくさ》いものでも見るような目で眺めているように感じていた。そのひとたちから褒められた記憶はほとんどない。

そう言うとまるでイジメにでも遭っていたみたいになるけど、そうじゃない。ぼくらの側が必要以上に周りをネガティブな目で見てしまっていたのだ。

ぼくらの頑なな姿勢こそが問題だったわけだ。共演者にしてもスタッフにしても、周囲とちゃんとしたコミュニケーションをとることができていなかった。それで勝手に、いつも冷たい目に取り囲まれている……などと思い込んでしまっていた。

もちろん実際に、

「まったくしょうがねえな、あいつら」

と思われていた部分もたくさんあっただろう。

実力もない人間が、動き出した大きな乗り物の運転席にちゃっかり座っているのだ。周りのひとからすれば、そりゃ危なっかしくてしょうがない。こちらから姿勢を低くして出向けばまだしも、わざわざ向こうから近づいてきてくれるひとなんているわけもない。

しかも、だ。あっちゃんはいざ知らず、ぼくに至っては大きな引け目もある。ヒットした武勇伝のネタをつくっているのは、あっちゃんだという事実である。

ぼくらの芸が評価されることが仮にあったとしても、その手柄《てがら》は基本的にあっちゃんのものであって、ぼくのじゃない。

当時はどこの現場へ行っても、まずは武勇伝をやってくれとオーダーされるわけで、ということは売れて評価されているのはあっちゃんだ。求められているのはぼくじゃないんだよな、といつも感じていた。

番組の打ち合わせで、ネタや構成づくりをスタッフさんとするにしても、ずっとしゃべっているのは相方のほう。ぼくはただとなりにポツンといるだけ。

そんなこんなで、いくら忙しくたってぼくにはなにも手応えがなかったし、なんだかふわふわした宙ぶらりんの状態が続いていた。

自分の足でなにかを踏みしめてやっているという実感なんていっさいなかった。

あっちゃんを心底きらっていた

さらに言えば、相方のあっちゃんとの関係性までもが、かなり歪《ゆが》んでしまっていた。これもぼくの心の狭さが要因だった。

簡単に言うと、あっちゃんすらぼくを褒めてはくれないことに対して、拗《す》ねたり、やっかんだりしていたということ。

ネタづくりや番組での立ち居振る舞いについてはあっちゃんが主導していたから、必然的に立場が上のような感じになる。番組が終わるたびぼくは、

「いや、あそこの出方は違うな。おれがこう言ってるんだから、もっとこうやれよ」

などとダメ出しを受けるはめになる。

内容を考えているあっちゃんがああしろこうしろと言うのは当然なのだけれど、いつも指摘され続ける立場もそれなりにつらい。

ぼくらが冠番組を持っていたときは、ぼくが番組の進行役を務めて、相方がフリーな立場から場を盛り上げていくという役割分担だった。

当時のぼくは、進行に追われるとすぐにテンパってしまっていた。

途中で相方が、ひと呼吸置こうとしてポンと笑いの要素を入れ込んでも、テンパっているぼくはそれに気づかず、場を進めてしまうことがよくあった。

または、相方があからさまにボケても、とっさに意味がつかめなくて、そのままスルーしてしまったり。これは芸人としてあり得ないミスだ。

すべてぼくのせいなのでどうにも言い逃れできないんだけど、そこをあとからあっちゃ

んに厳しく詰められる。自分が悪いとわかっていても、毎日そういうことが繰り返されると、精神的にはかなりまいってしまう。

会社なんかで毎日怒られているひとが、病気になって出社できなくなってしまうという話はよく聞くけれど、気持ちはわかる気がする。

ひとのアドバイスには素直に耳を傾けたほうがいいに決まっている。でも若気の至りというのか、こちらも相手に弱みを見せたくないから、あっちゃんにダメ出しされながらもつい虚勢《きょせい》を張って強がってしまうこともあった。

「そう言うけど、オレはこんなふうに思ってるんだ。こっちにも言い分はある、聞いてくれよ」

そうやって相談すればいいのに、絶対にしたくなかった。

あのころは周囲のだれとも、相方のあっちゃんとすら、意思の疎通がとれない時期だった。それで正直なところ、ぼくらコンビはお互いに、相手のことをすごく嫌っていた。

まあそれもこれも、自分への苛立《いらだ》ちを、無理やり外側へ向けていただけだったのは明らかだ。

女性に逃げる

じゃあそうした仕事上のモヤモヤを、ぼくはどうやって紛《まぎ》らわそうとしていたのか。

抑え込もうとしても抑え込めるものじゃなかったのだけれど、すこしだけごまかしたり紛らわすために、ぼくは女性に逃げ込もうとしていた。

芸能人の女の子と知り合って、なんとかお付き合いができないだろうかと、画策《かくさく》しまくっていたのだ。

たぶん承認欲求を満たしたかったんだと思う。だれもが「おおっ！」と声を上げてしまうようなひととお付き合いできたら、多少は周りが自分のことを認めてくれるんじゃないだろうか、と。

まだ新人だというのに、オレってなかなかやるでしょ、すごいでしょ？

そんなふうに自慢してみたかったわけだ。

なんと薄っぺらくて稚拙《ちせつ》な考えだろう。

いまははっきりそう思えて、振り返れば情けなさしかないのだけど、当時はそうまでして虚勢を張りたかった。

どういうかたちでもいいから、ひとに注目されたいし、認めてもらいたかった。ひとは追い詰められると、自分の生活のどこか一部分だけにでも手応えを感じたり、周りから認めてもらったりすることを、切実に求めるものなのだな。なんて弱い生き物だろうと思い知った。

あのころのぼくは世間から見たら、芸人として売り出し中のオリエンタルラジオとして、うらやましがられる状況にあったのかもしれない。でも実態は、仕事上でなんの手応えも得られず、周りからは認めてもらえず、苦しんでばかりのつらい日々だった。

目指してきた芸能界にせっかく潜り込めたというのに、とりあえず決められた時間にスタジオに行って、台本に書いてあることをこなして、先輩芸人におんぶに抱っこで絡んでもらったりしつつ、今日もまたなにもできなかったなあ……、と痛感しながら現場をあとにする。そんなことの繰り返し。

それなのに世間からはちょっとうらやましがられたり、勝手に嫉妬《しっと》されたりして、そのギャップもまたつらい。だれも本当のところをわかってくれないんだろうな、という思いが募《つの》った。

そんなモヤモヤがほぼピークに達して、大型特番の収録現場で大失態をしでかしたときに、先輩芸人の河本さんがポンと声をかけてくれたわけだった。

頑なに心を閉ざしていたぼくの内側に、河本さんはスッと入ってきてくださった。思えばその絶妙の「間」と言葉のチョイスは、さすが鍛え上げられた芸人としてのそれだった。

ぼくはそのとき初めて、デビュー以来全身をすっぽり覆っていた虚勢を、すこしだけ脱ぎ去ることができた。そこからわずかに光明が見えた。

河本さんをはじめ先輩芸人との出会いをきっかけに、ぼくの心の霧《きり》はすこしずつだけど晴れていくことになる。

そうして芸人としての仕事にも、新しい光が徐々に差しはじめていったのだった。

ひたすらチャラく、ひたすら軽く

「サンキューーでぇぇーす！」

「きみ、カワウィ〜ねぇ〜〜！」

キメ顔でナルシストに、いやナルシストなんて超越してしまうほど軽い、あまりにも軽い「チャラ男」というキャラクター。これによってぼくのことを認知してくれたひとも多いだろうと思う。

初めてチャラ男キャラを発動させたのは、2011年のことだった。キャラづくりのきっかけはいろいろあったのだけど、チャラ男というネーミングは、だれあろうタモリさんから授《さず》かったものだった。

当時、ぼくらオリエンタルラジオは、タモリさんの『笑っていいとも!』にレギュラー出演させてもらっていた。

デビュー直後にはたくさんあったレギュラー番組がひとつ減り、ふたつ減りとしていた時期だったが、まだぎりぎり『笑っていいとも!』には出られていた。

毎週、『笑っていいとも!』の楽屋に入って、そそくさとメイク室に行くと、必ずタモリさんとご一緒することができた。

あのタモリさんと空間をともにできる機会なんてほかにまずない。だからぼくはなんでもいいから毎週、とにかく話しかけようと心に決めていた。

天気の話をしたり、アイドルの話をしたり、タモリさんが電車好きだと耳にすれば、

「電車のこと教えてくださいよ」と無理やりせがんだり。

するとあるときタモリさんがこう言った。

「おまえ、毎週おれに話しかけてくるよな。そう決めてんだろ?」

見事にバレていた。さらには、こうも言われた。

「話してくるのはいいんだけど、いつも中身がねえんだよ、おまえの話。ペラッペラのチャラ男だな」

タモリさんからダメ出しを食らうとは……。でも直々に言われるなんて貴重だ、ありがたい。

そう思っていたら、どうやら単なるダメ出しというわけでもなさそうで、こう続いた。

「もっとおまえ、芸風としてそれを出しなさいよ。タレントっていうのは、自分の特徴をどんどん出していく、そういうものなんだから」

そんなアドバイスをいただいてしまった。

しかも、だ。その日の生放送がはじまると、タモリさんはなんとぼくをイジってくれた。

「どうもー、藤森でぇーす!」

と客席に向けて挨拶すると、すかさずタモリさんが、

「こいつ、なんか軽いでしょ？　チャラ男なんですよ」

と、わかりやすくぼくのキャラクターに目鼻立ちをつけて紹介してくれた。

そうか、この線で打ち出していけばいいのか。そこからは、タモリさんが敷いてくれたレールをまっしぐらに進むのみ。

なにを言うにしても、どんなリアクションもひたすら軽く、チャラくやっていくことを徹底するようにした。

「チャラ男」で気づいた、自分らしさ

このキャラクターづけが、なんとか間に合ってよかった。タイミングとしては「ここしかない」というほど絶妙だった。

というのも、タモリさんにチャラ男のネーミングを授かったすぐあとに、ぼくらは『笑っていいとも！』を卒業することとなっていたから。

これが最後のレギュラー番組だったので、オリエンタルラジオはいったんレギュラーを

すべて失うこととなった。

ぼくは本当にぎりぎりでタモリさんから、これから芸人として生きていくうえでのヒントをいただけたということになる。

そのすこしあとに、ネプチューンさん、くりぃむしちゅーさん、チュートリアルさんによるトークバラエティ番組『しゃべくり００７』にゲストで呼んでもらった。そこで思いっ切りチャラ男キャラを爆発させてみた。

これが幸いにして、ウケた。７人の芸人たちがホストとなる番組だから、多少の無理をしてもみんなで笑いに変えてくれる安心感もあった。実際、すごく助けてもらった。

そこからぼくのチャラ男キャラは急速に定着し、広く知ってもらえるようになって、いろんな番組からもお声がかかるようになっていった。

チャラ男のことを「キャラ」だと言ったけれど、考えてみればチャラ男的な要素は、ぼくのなかにもともとあるものだった。芸人としてデビューしてからは、ネタをするときはツッコミだし、番組では場を進行させる役回りを担わなければいけない。チャラチャラしている場合ではないと思い、自重《じちょう》し、封印していただけだ。

でも、自分の根っこはお調子者だ。チャラ男的な面は昔からたっぷり持ち合わせていた。

ひとが歌っているところに大げさな合いの手を入れるという芸も、チャラ男キャラのネタのバリエーションとしてあちこちでやっていたのだけれど、それなんてふだんぼくがカラオケに行ったときによくやることを、すこし誇張しただけだ。

自分で勝手にフタをしてしまっていたチャラい要素を、

「出せ出せ出せ、そんなもん。芸人だったら、さらけ出してなんぼだ」

とぐいぐい後押ししてくれたのは、またしても次長課長の河本さんだった。

河本さんと一緒に遊んでもらうようになって、芸人仲間でカラオケに行く機会もよくあった。そのときぼくはひとが歌っているうしろから、大学生のようなノリで「ぁイェイ、ぁソレ！」なんて合いの手を入れていた。

「なんやねんそれ、そんな太鼓持ちみたいなことやる芸人、だれもおらんで。でも……なんかおまえらしくてええな」

と河本さんに言われた。褒めてもらったのかどうかわからないけれど、うれしかった。きっと存在を認められ、肯定してもらえるだけでよかった。

そこからはもう拍車がかかって、ヘンテコな合いの手を入れるのがカラオケに行ったときのぼくの役割であり恒例となっていった。それをそのままテレビでもやってみただけ、というのが実際のところだ。

当時のぼくは、テレビに出ているいっぱしの芸人気取りだったけど、実体はただの明るくて楽しいことが大好きな、田舎から出てきた素朴な若者だった。そんな大学を出たばかりのぽっと出が、スーツを着込んで手にカンペのメモを持ち、テレビ番組をきちんと進行したり同時にツッコミを入れたりするなんて、ちょっと背伸びをしすぎていたんだろう。

そんなぼくが芸能界で活動するというのなら、実力不足は潔く認めたうえで、もっと自分らしく、自分の好きなようにやったほうがうまくいく。

そんなことが、チャラ男を演じることでおぼろげにわかってきた。

世界を肯定するお笑い

チャラ男のキャラクターを前面に押し出すようになってなによりよかったのは、相方であるあっちゃんとの関係が変化したことだ。

ぼくの感覚では、このころになってようやく、相方としっかり向き合ってしゃべれるようになってきた。というのも、チャラ男キャラをやりはじめたときに、あっちゃんがぼくのことをすごく褒めてくれた。とてつもなくうれしかった。

当時は2011年あたりで、デビューして5、6年経っていた。それまで相方に褒められるなんてほぼなかった。それどころか、デビューしてずっとダメ出し、ダメ出し、ダメ出しの嵐だ。

芸人として成長しようという熱意からきているものだと理解はしていたけれど、精神的に追い詰められる部分はすくなからずあった。

その相方に認めてもらえたのだ。まさに感無量だ。やっぱりぼくは、あっちゃんにいちばん褒めてもらいたかったんだなと、はっきり気づいた。

まったく、こっちは武勇伝をしているころには毎日毎日、「あっちゃん、カッコいい～！」って連呼してあげていたというのに。

そうやって相方に認めてもらえたことが、まちがいなくぼくの活力になった。みずから自分をさらけ出し、一歩を踏み出すことが、新しい自分を形成していくんだってことも実感した。

褒められてこんなにうれしかったし前向きになれたのだから、ひとはやっぱり褒められたい生き物なんだろう。

だったら周りにも同じようにするのが正解なのだと、ぼくはこのとき確信した。

それまでのオリエンタルラジオは、というよりぼくは、お笑いにしてはひとを突き上げたりイジったりする力が弱いと言われていた。それこそ女性芸人に対して、容姿的なことも含めて鋭くツッコんでいくようなことが、あまり得意ではなかった。

でもこのころぼくは、いや、それでいいじゃないかと思えるようになった。

ひとの弱点を突っついていくよりも、相手が評価されたがっている部分をちゃんとピックアップして、褒めたりおもしろがったりすればいい。ネガティブな話題のほうがインパクトが強いのはわかっているけど、そこで勝負しないようにしよう。ポジティブなことだって、ちゃんと笑いにしていく方法はあるはずだ。

相手が芸人の場合は、わざと弱みをさらして「ツッコミ待ち」をしてくることも多々ある。それにはきちんと気づいて、ツッコんであげなくちゃいけないのだけれども。

いちおうはお笑いのツッコミ担当のぼくだけど、ひとを貶《おとし》めるようなことは元来苦手なのだ。自分がそれをやられるとすごくいやだし、自分がいやなことはひとにもできない。

できればひとのいいところを探したいと思うのは、ごく自然なこと。だからというわけで

もないけれど、

「きみ、カワウィ〜ねぇ〜〜！」

などなど、チャラ男キャラで言うセリフって、デフォルメされているとはいえ、どれも相手を褒めて持ち上げる言葉ばかりだ。そこは自分でも気に入っている。

お笑いというジャンルはすごいポテンシャルを秘めていると思うけれど、ぼくはそのなかでも特に「世界を肯定するお笑い」が好きだし、そういうものをこそやっていきたい。

そう固く心に決めている。

周りに呆れられたら勝ち

じゃあところで、自分にとってお笑いってなにかと問われたら、どう答えたらいいだろう。

これ、なかなか答えは見つからない。

あっちゃんに導いてもらいながら足を踏み入れていったお笑いの世界に、気づけばいまぼくは20年近くも身を置いていることになる。

こんなにも人生の時間を費やしてきたにもかかわらず、笑いの正体がわからないなんて、もどかしいったらない。

デビューしたころは、毎日のようにネタを演じなくちゃいけなかった。ほとんどが「武勇伝」ネタだったけれども。

キャリアを重ねていくと、いわゆるお笑いの持ちネタを披露することは、どんどん減ってくるものだ。ぼくらはオリエンタルラジオというコンビで舞台やテレビに出ること自体が減っているから、なおさらだ。

そういう状態に不満があるわけでもないけれど、ちょっと不安を感じることはある。

ぼくの現状は、ちゃんと胸を張って「お笑いをやってる」と言えるのかな？　と。ひとつ言えるのは、なにもネタをつくって披露することや、テレビ番組でトークをして笑いをとることだけがお笑いじゃない。ぼくはもうすこし広い意味で、お笑いを捉《とら》えていきたいと思うようになっている。

なんというか、自分の生きていることすべてがエンターテインメントになっていけばそれが最高だな、と感じている。だから、いまももちろん、お笑いは変わらずやっているつもりだと、はっきり言いたい。

たとえばこのところのぼくは、テレビドラマやミュージカルに出演させてもらっている。ミュージカルの舞台にお笑いの要素を持ち込んだりするわけじゃないけれど、ぼく自身ミュージカルをやっていること自体がすごくおもしろいし、楽しんでやっている。

ということは、それもぼくにとってはエンターテインメントであり、お笑いとして成立していると言えないだろうか。

なにもネタをつくり、漫才やコントをやるだけがお笑いじゃない。テレビに出て、トークで次々と笑いをとることだけがお笑いというのでもない。お笑いというものは型で決めつけられるものじゃない。ひとそれぞれに、お気に入りのお笑いのかたちはあるはずだ。だったらお笑いを受け持つ芸人だって、もっといろんなタイプがいていい。ぼくはそのなかでも、できるだけ広い意味でお笑いというものを捉えたいと思っている。

ぼくにとっては、ミュージカルをやっているときだって、「これは自分にとってのお笑いだ」と思って取り組んでいる。だってぼくは、それをすることが楽しいし、好きだから。好きなことを楽しくやっている姿を見てもらう。それはもうじゅうぶんにお笑いじゃないかな？

「そんなの違う、お笑いじゃない」

というひとがいたってもちろんいいけれど、これがいまのぼくのお笑いに対する捉え方だ。

それに、たとえばミュージカルをやるときには、コントやリズムネタをやってきた芸人のスキルがすごく活《い》きてくる。リアクションのしかたとかテンポ感は、お笑いをしてきたなかで、自然と身につけていたことだった。

逆に、役者をやることで培《つちか》った演技力が、芸人として話したりネタをやるときプラスとなってくることも大いにあるはずだ。

ミュージカルだってお笑いだって、同じエンターテインメントとしてどこかでつながっているんだと実感する。

だから、現時点でのぼくの次なる目標はといえば、できたら大河ドラマに出てみたい。

いくらなんでも節操《せっそう》がないと思われるだろうか。芸人としての道を突き詰める気はないのか？　そう言うひともいるかもしれない。

でも、大河ドラマ出演を目指すことだってぼくにとってはお笑いの道だ。

ぼくはなんでもどんどんチャレンジしていって、

「おまえ、あとはしてないことってなに？」

って言われたい。そこまでいけば、芸人ひとすじを唱えているひとも、さすがにすこしだけ認めてくれるんじゃないか。

「おまえ、手をつけてないことってもうなにもないんじゃないか？」

そう周りに呆《あき》れられたらぼくの勝ちだ。

人生を丸ごとエンターテインメントにしたい。そんな姿を見て、周りのひとにも喜んでもらいたい。それが芸人としての、ぼくの目標だ。

いやでも自分色に染まる

自分のやることすべてを、エンターテインメントにしていけたらいい。

そんな自分勝手なことを言ってしまったけれど、ぼくが自分なりのお笑いを続けていくうえでは、ひとつ大前提がある。なにがあっても、オリエンタルラジオの藤森慎吾だというのは変わらないだろうということ。

つまり、中田敦彦という存在が相方にいてくれてこその自分であること。それはこれからも決して変わらない。

オリエンタルラジオというぼくらコンビのかたちは、相方のあっちゃんが主導して、活動の方針を決めることによって形成されてきた。ぼくは自分に中身やプライドがないと自覚しているから、これまでずっと全面的に相方を信頼して任せることができて、方向性でもめるというようなことはなかったんだ。デビュー後しばらくは、仲の悪い時期が続いていたけれども……。

ぼくらコンビのありようは、ここ数年でまた大きく変わってきている。今後もまた変わっていくんだろう。そのたびにぼくは、

「そうか。これまでどおりのやり方じゃダメなんだな。相方が変化を遂《と》げているんだったら、こっちもぼくなりの変化を遂げないと、ぼくはひとりで埋もれていってしまうぞ」

と気を引き締めることになる。ふたりの関係や、オリエンタルラジオのあり方が変化することと自体は、ぼくとしてもウエルカムだ。どんどん変わっていったほうが、いつもわくわくしていられていい。

そう考えると、ぼくが変化する原動力は、常に相方の存在だったのかもしれない。なに

をやるときも結局、あっちゃんを意識しながら取り組んできたのは間違いないのだ。

このところぼくは、ユーチューブやオンラインサロンにも注力している。これはそのままモロに、あっちゃんの影響だ。どちらも彼が先にはじめて、すでに大きな成果を手にしているジャンル。ぼくはそれをトレースしているだけだ。

「へえー、いいじゃんそういうの。おもしろそう。オレにもできるかな？　やってみたいな」

なんて言いながら。もちろんあっちゃんからはアドバイスをたくさんもらっているし、横目で見ながら盗めるものは盗んでやろうといつも思っている。

あっちゃんはいつもぼくの先を歩いているから、素直にリスペクトの念でいっぱいになる。

すごいなあと感心して、その後にまねてみる。と、なおさらすごいところがわかる。ぼくとあっちゃんはまったく違う人間だから、同じことをしてもきっと違うものができあがる。それも楽しい。

あっちゃんも、よくこう言ってくれる。

「おれと同じことしてみたら？　慎吾がやったら慎吾の色になるから、絶対だいじょうぶだ」

なんとも頼もしい。理解し、見ていてくれると思うと、こちらも大胆にチャレンジできる。

あっちゃんとコンビを組んで、気づけばずいぶん長い時間が経った。たくさん叱《しか》られてきたし、振り回されてきた。もしも「相方に直してほしいところは？」と聞かれたら、コンビを組んでこの方、直してほしいことだらけだよ！　となかば冗談、なかば本気で答えることになるだろう。

だってたとえば、彼は座右《ざゆう》の銘《めい》を「前言撤回」と公言している。本人はそれでいいかもしれないけど、ぼくはその座右の銘に、これまで何度翻弄《ほんろう》されて、キリキリ舞いさせられてきたことか。

昨日まで彼が言っていたとおりにぼくは準備してきたのに、今日会ったら勝手に１８０度方針転換していて、オレの努力はなんだったんだ？　と憤《いきどお》るなんてことはしょっちゅうあったのだ。

それでもあっちゃんは自分を貫く。いまに至るまでそうで、そんな態度によってコンビを引っ張ってきてくれたのだから、まあこれは許すしかない。

というか、そう言いながらもぼくが絶対的にいつも頼りにしているのは、間違いなくいつだってあっちゃんだった。これまでのことを振り返れば振り返るほど、ぼくにとっての彼の存在はとてつもなく大きいし、これからもそうなんだろうと痛感する。

第3章

超プラス思考のすすめ

自分のショボさを受け入れる

プライドレス

こうして過去をあれこれ見返してみると、なるほど自分の人生にもけっこういろんなことが起こってきたんだと再確認させられて、ちょっと意外な気もしてくる。

本人としては、これまでの自分の歩みが、それほど豊かで起伏に富んだものと思っていなかった。

そりゃたしかにいちおうは芸人として15年以上も活動してきたわけだから、すこしは名前と顔を知ってもらえているのかもしれない。なんらかのイメージやキャラクターも、くっついているだろう。

でも、自分ではよくわかっているつもりなんだ。ぼくのなかには、特別に誇るべきものや、語って愉《たの》しいエピソードなんてなにもない。

お笑いもそうだし、そのほかのことについても、なにか突出した才能があるとは、本当に思っていない。

なにも持っていないぼくなりに、もがいてきたこともたしかではある。

ひとから褒《ほ》められたい。チヤホヤされたい。モテたいし尊敬されたい。

つまりは何者かになりたいと真剣に願って、そのときどきで、手足をバタつかせてきた。

なにも持っていない自分が浮上するにはどうしたらいいのか……。

考えたうえでぼくが自分のなかで打ち立てた方針はこうだ。

「何事にもプライドを捨てて臨《のぞ》むこと」

自分はスゴいんだ、やればできるんだと信じて、気持ちを鼓舞《こぶ》していくやり方だって世にはある。でもぼくはそうせずに、周りの「スゴいひと」に頼ったり、時流にうまく乗っかることを、いちばんに考えるようにしてきた。

「自分は特別である」

「唯一無二《ゆいいつむに》の、何者かである」

といった思いを、まずはいち早く捨ててしまうことを、生存戦略にしたわけだ。

だって、ぼくは実際に何者でもないし、なにも持っていないんだから。

そう、だから「プライドを捨てる」というのは、適切じゃないかもしれない。捨てるようなプライドを、そもそもぼくは持ち合わせていない。

自分のなかにはなにもない。空っぽだ。まずはそれを認める。

そのうえで、そんな自分がなにかをしたいと思ったときには、どうすればいいか。

だれかを頼れ。「おんぶに抱っこ」をしてもらえ。

そう割り切るのだ。

努力だけじゃだめ。ひとに頼る

ぼくはちっぽけな自分のプライドなんて捨てて、ひとに頼って生きてきた。

それはそうなんだけど、ひとに頼るときには、前提としてしなくちゃいけないことがある。

「自分でできることは、できるかぎりしてみてから」

というのが大事になる。

ただ怠《なま》けているままの状態でひとに頼ったって、だれも手を差し伸べてくれはしない。

まずは自分の全力を尽くしてみる。大したことはできないし、結果も出ないかもしれない。でも、その過程があってこそ、

「どうしてもあなたに頼りたいんです」

という説得力が出る。

じゃあ「できるかぎり」とは、どれくらいのことか。例を挙げてみると、ぼくは昔からかなりの「メモ魔」だ。

「チャラ男」キャラで、芸人としていちおうの再ブレイクを果たせたころのこと。ぼくはこのキャラを固めていくために、日々、チャラ男関連のメモを、スマホのメモ機能に書きためていた。

「イッちゃいまショータイム！」

などといったワードをメモっておいて、いつでも見られるようにしていたのだ。テレビの収録でチャラ男キャラを発動させたとしたら、その日のうちに、どんなフレーズや言い方がウケたかも書き残しておく。

知らないひとがメモを覗《のぞ》いたら、ふざけているとしか思えなかっただろうけど、その覚え書きがぼくにとっては生命線だった。それをことあるごとに見直していた。

世間で真面目に仕事をしているひとからすれば、ちょっと風変わりな、努力とも言えないものにみえるかもしれないけど、これがぼくの「やれることはやる」のレベルだ。チャラ男キャラを伸ばしたいと思えば、一所懸命にメモ書きをためるくらいはする。

できる範囲で精一杯やりつつ、でもたいていはそれだけじゃうまく事が運ばないから、あとはひとに縋《すが》る。頼る。お願いをする。

自分の努力だけですべてを解決しようとは、決してしない。まったく胸を張って言うようなことじゃないけれど、それがぼくのやり方だ。

「褒め言葉」で自分を満たす

メモをつける習慣は昔から続いているんだけど、そこにはひとつだけマイルールが設けてある。

メモにはプラスのことしか書かないと決めている。

怒られたり、けなされたりしたことは、いっさいメモしない。逆に「あれよかったねーっ」と言われたことは、忘れず控えておく。

すると、「褒め」や「肯定」ばかりが手元にあふれるようになる。

実際の世の中は何事につけ、賛否どちらの意見も渦巻いているものだと思う。そこで否定的なものばかりを拾っていこうとすれば、キリがないほど集まってしまう。

たしかに批判に耳を傾けることも、ある程度は必要かもしれない。でも、それでメンタルが折れてしまっては元も子もない。精神的に脆《もろ》いぼくのような人間にとって、あまりに多くの「否」にさらされるのは、ちょっと危険なこと。

自分の気持ちを前向きに保つには、周りを肯定的なもので固めてしまうのもひとつの手だと思う。

肯定的なことばかり集めたメモをとる習慣が定着してくると、ぼくはいつしか生活全体においても、プラスのことばかり覚えておくようになった。

そのほうがメンタルにいいし、自分の成長を促すうえでもうまく作用する。

たとえばぼくが、芸人としてテレビのバラエティ番組に出たとする。事前の打ち合わせから本番が終わるまで、ひとつの番組をこなすうちには、失敗やうまくいかなかったこと、ちょっといやな思いをすることなど、いろいろ起こる。

その仕事が終わったあと、いやだったことをいくら覚えていたって、気分が悪くなるだけ。自分の反省材料に使えばいいという声もあるだろうけど、ぼくのメンタルはそういう厳しさにちょっと耐えられない。

しかも、だ。ぼくらのようなタレント、芸人の仕事というのは、マイナスなところを補ったり取り繕《とつくろ》ったりしても、あまり意味がない。それより、そのひとにしかない長所やオリジナリティをいかに伸ばし、本番でいかに最大限に発揮できるかが勝負だ。

となると、短所や失敗を懸命にカバーし埋めていくよりも、よかったところだけをフィードバックして、

「次はさらにもっと出せるようにしよう！」

と前向きに進むほうが正解になる。

ひとに褒めてもらったら、ありがたく素直に受け取って、

「ああ、こういうところをひとは褒めてくれるんだ。だれかが喜んでくれるのだとしたら、今度は同じようなことをもっと派手にやっちゃおう」

と、糧《かて》にしていけばいい。

そうしていれば、自分という素材の「活《い》かしどころ」や「伸ばしどころ」がわかってきて、しめたもの。

これまでやったことのないタイプの仕事が舞い込んできても、「プラス体験」をよく整

理して長所を自分で把握できていれば、個性を発揮できそうと判断した時点で、躊躇《ちゅうちょ》なく手を挙げられる。

ぼくはここ数年、ありがたいことに映画にテレビドラマにミュージカル、ユーチューブやオンラインサロンと、かつては想像もできなかったほどたくさんの「新しい仕事」に取り組んでいる。自分が関わり、表現するエンターテインメントの幅は、格段に拡がった。

これはひとえに、プライドを捨てて、かつポジティブな思考に徹してきた成果だ。

悪口という「負のスパイラル」

過ぎ去った失敗やマイナス要因には、目を向けなくたっていい。

「褒め」は素直に受け取り、いつだって肯定的に。

とは言いながら、ぼくもそれをいつも完璧《かんぺき》にできるわけじゃないし、最初からそんな安定したマインドでいられたわけじゃない。

以前はむしろ、かなり鬱屈《うっくつ》としていて、だれにも心を開けないでいた時期が長かった。

芸人デビューしてすぐにブレイクしたという経験、それはもちろんありがたいことだった。ただ、ごく初期の右も左もわからずただ舞い上がっている時期なんて、すぐに過ぎ去る。そこからは、なかなかハードな日々だった。

なにをやってもうまくいかない。だれからも信用されない。褒められることなんて、まったくない。屈辱と不安と悔しさで、文字どおりほとんど眠れない夜が続いた。

そのころのぼくを圧迫していたのは、煎《せん》じ詰《つ》めればやはり人間関係ということになる。デビューして一挙にたくさんの番組スタッフと仕事上の関係が生まれたけれど、なかには自分とどうにも反《そ》りが合わないひとだっている。なんだかいやだなあのひと、と思う。まあそういうときはたいてい向こうも同じように思っているのだが。

それでも出演者の側、ましてや新人が、なにかを言えるわけもない。自分たちの所属する会社が、かなりのゴリ押しでぼくらを出演させてくれていることだって薄々わかっている。会社への恩義もあるから、ぼくらの身勝手でぶち壊しにするなんてあり得ない。

職場に反りの合わないひとがいて、そのひとの言うことを聞かなければならない。でも立場上、どうにもならず口を噤《つぐ》んでいるよりほかない。そういう状況に、ぼくは押《お》し潰《つぶ》されそうだった。

そうしたつらい現場は、いくつもあった。もちろん表面上はなんら問題なく、むしろノリよくやり過ごそうとしていた。いくら取り繕っていたって、本質的な解決にはなりやしないのに。

それで結局、陰ではコソコソと、ひどい悪口を言ったりもしていた。

「いや、あのひとはアレですからねえ。困っちゃいますよ」

なんて。でもそういう悪口にかぎって、巡り巡って本人の耳に入ったりする。ひとを貶《おとし》めていいことなんてなにもない。

芸人同士で話をしているときが、またよくない。芸人の多くは口が達者で観察力が鋭い。ひとの美点でも欠点でもすぐにあぶり出して、それについておもしろおかしく話せてしまう。

欠点をあげつらうほうが話をおもしろくしやすいので、ついついほかのひとをいじったり、小バカにする話が多くなってしまう。若い時分なんか特にそうだ。まさにぼくがそうだったんだから。

待ち時間に楽屋などで芸人が集まると、

「いやあ、あのタレントさんも裏ではさ〜」

などといった話に花を咲かせたものだ。

ただ本当は、ひとを悪く言うならそれなりの覚悟をしなければいけない。そういうのはどんなに気をつけていても、どこかから必ず漏《も》れ出す。いずれバレたり見抜かれたりして、悪口の対象者にも伝わってしまう。

そういう「負のスパイラル」は、苦痛でしかない。結局は自分の首を絞めることにしかならないのが目に見えている。

だったら、プラスの方向にスパイラルするよう努めたほうがいい。

そのひとのことをどうしたらもっと理解できるのかな……。

どういう部分がちゃんと尊敬できそうかな……。

そういうマインドで相手のことを眺めてみる。意識をポジティブなものに向けたほうが、自分の「苦」はなくなるはずだ。

新人時代の自分にとっていくつかの現場が苦痛だったのは「いやなひとがいるから」だと思っていたけど、それは間違いだろう。

スタッフの顔色を窺《うかが》うことしか考えず、いい顔をしてくれなければ「あんまり好きじゃない」と、こっちから相手を否定して、よからぬ感情を抱いていた自分の態度こそ元凶だった。

ぼくはひとりで勝手に負の感情にとらわれて、みずから、がんじがらめになっていた。

大いにひとの顔色を窺おう

負の感情ばかりが渦巻くことにならないような環境と人間関係をつくりたい。いつしかぼくはそこに細心の注意を払うようになった。

そのおかげで以前よりずいぶん呼吸が楽になっているのを実感している。自分が「軽くなった」感触がある。

ひととの関わりや距離感についていつも気にしてきたぼくは、対面したひとのことをすぐに見抜けるようになってきた。

見抜けるといっても、そのひとの本質がわかるといった大げさなことじゃないんだけれど、

「きっとこういうひとなんだろう。信頼できそうで、自分には合うかな」

「ちょっと危険な香りがするなあ。深入りはできないかも」

といった程度のことは、かなり瞬時に判断できる。

まあこれも当然といえば当然だ。芸能界で仕事をしていると、いろんなひとと会う機会がある。危機管理のようなことは、きちんと自分でするしかない。

親しくしていいひとなのかどうかは、初対面でもだいたいわかる。なにを判断基準にしているのかといえば、ちょっと曖昧《あいまい》ではあるけれど、「空気感」みたいなもの。

それはごくさり気ないしぐさや態度に現れる。

タレントであるぼくは、ときにずいぶん丁重に扱ってもらうことがある。そういうとき、ぼくにはすごく丁寧なのに、一緒に来ていた部下には厳しくぞんざいな態度のひとを見ると、「ああ……」と思う。

打ち合わせで使ったお店のひとに対する態度なんかも、気になってしまう。それがぼくやスタッフへの対応とあまりにもかけ離れていると「このひとはあまり信用が置けないかも……」となる。

そのひとの気遣いが、万人に向けたものなのか、特定の立場にあるひとにだけ向けられているのか。そのあたりを冷静な眼で観察している自分がいる。

あとはそう、身につけているものもよく見ている。いや別に、高級ブランドに身を包んでいないとダメってことはない。逆に、高級ブランドを着込んでいてはダメということもない。

それよりも「着こなし」とか「あしらい」のようなことが大事だ。ふとしたときに取り出した小銭入れが、とても可愛らしくて本人によく似合っていたとか。スーツの下の白いシャツに清潔感があって、本人を引き立てているなとか。

人間性がかいま見える着こなしに気づくと、そのひとのことがぐっと身近になるものだ。ともあれぼくは、自分の前に立ち現れるひとを、かなり注視しているのは間違いない。ひとへの興味は強く、人好きなのだと思う。

自分がなにかをするときにはプライドを捨てて、できることなら全面的にひとに頼ろうとするのがぼくの基本方針。ということはひとを見極めたり、好きになれるひとを見つけ出すことは、ぼくにとって死活問題なのだ。

「顔色を窺う」ってフレーズは、あまりいい印象がないみたいだけど、ぼくはひとの顔色をいつも大いに窺っている。

どの仕事現場でも、一緒に仕事をするひとたちの顔色を、ぼくはよくよく観察する。そ

の顔色から、

「ここに集ったひとはぼくにどんなものを求めているのかな？」

と読み取って、理解しようとする。

ぼくにとってはそれが仕事の第一歩。周りのひとの顔色が、ぼくにすべてを教えてくれる。

それはぼくがもともと持っている性質《たち》なんだろうと思う。生まれ育った環境なんかも大きく関係しているのかもしれない。

ここから先、「プライドレス」で「顔色窺い」なぼくが形成された原点と過程を、振り返ってみたい。

プロ野球選手になりたかった

なぜだ？　こんなはずじゃなかったのに……。なんでまったく通用しない？

夕暮れのグラウンドに佇《たたず》んで、ぼくは途方《とほう》に暮れていた。

通っていた中学校の校庭でのこと。その日も放課後は野球部の練習があった。熱心な1年生部員だったぼくは、もちろんそこに参加していた。

野球はぼくにとって唯一、小学生のころから長く続けてこられたものごとだった。すぐ飽きてしまい、ひとつのことに打ち込めない性質だったぼくの、最後の砦《とりで》みたいな存在だ。

小学生のとき所属していたチームでは、サードのレギュラーとしてちゃんと試合にも出ていた。将来の夢を訊《き》かれれば、ちいさいころからずっと、「プロ野球選手になりたい！」と言い続けてきた。

それなのに、ああ……。中学校に入学して、いきなり壁にぶち当たってしまった。

野球部に入ってみると、すぐに実力テストのようなメニューが課された。打撃と守備の両方について、実践的なプレーを監督からチェックされるのだ。

懸命に取り組んでみた。力は出し切った。けれど、周りの新入生と比べて、明らかにぼくはヘタクソだった。

「おまえ、基礎的なこともこんなにできなくて、よく野球やっていたなんて言えるな！小学校で本当にやってたのか？」

監督には、そうまで言われた。思えばなかなか厳しい監督だ。子ども相手にちょっと言いすぎでは……、という気もするけれど、どうやらぼくの野球の実力がかなり疑わしいのはまちがいなさそう。

日頃の守備練習では、よくノックを受けさせられたものだった。監督が打った球をエラーせずにキャッチできた者から、その練習は終了というのがルール。ここで最後まで残ってしまうのは、いつだってぼくだった。

「オラオラ、いちばんヘタクソなやつが最後まで残るっていうシンプルな仕組みなんだぞ！」

監督からそんな檄《げき》を飛ばされながら、延々とノックを受けた。毎回、恥ずかしかった。それくらいぼくのプレーはお粗末《そまつ》なものだったのだ。

好きでやっていた野球だけど、さすがに心が折れてしまった。懸命にやっていたつもりなのに、ちっとも上達しない。ドヤされ続けるのもつらい。

それからすぐにぼくは、野球をやめてしまうことになる。プロ野球選手になる夢も、そこで立ち消えになってしまった。

一塁に送球が届かないポンコツ三塁手

野球をはじめたのは小学校に上がってからだった。６つ上の兄貴がやっていたというのもあったけれど、それよりなにより、親父の影響が大きかった。父は当時も社会人チームでプレーしていたし、そもそも兄の入っていたチームの監督を務めていた。

「慎吾、おまえも野球やるだろ？」

男なら当然やるよな？　といったノリで、選択の余地もなく、親父が監督をするチームに入れさせられたというのが実際のところだ。

ぼく自身もすぐに野球が大好きになったので、毎日喜んで練習に打ち込んだ。

小学生時代のポジションは、二番サード。これは自分の希望というよりも、なぜかほぼ自動的に決まっていた。

ぼくをサードに据《す》えたのは親父だった。なぜサードだったのかといえば、父がかの「ミスター」こと、長嶋茂雄さんの大ファンだったから。ただそれだけの理由。

いまはかなり変わってきただろうけれど、当時は花形ポジションといえばサードに決まっていた。そのころはミスターを引き継いだ原辰徳さんが、ジャイアンツのサードに君臨《くんりん》していて、憧《あこが》れたものだ。

まあでも基本的には、親父が自分の夢をわが子に押し付けていた……。そういう図式なのは明らかだろう。

ただ、ここで親父には、誤算がひとつ生まれた。ぼくには野球の素質が、まるでないのだった。

父はかなりむりやりに、サードという花形ポジションにぼくを据えた。でも実際のところ、レギュラーを張る実力なんて、ぼくにはなかった。

だってぼくは、サードのポジションからファーストまで思い切りボールを投げても、まったく届かないほどの肩の弱さ。それ以前に、硬いボールが怖くってしかたがない。速い打球が飛んでこようものなら、向かっていくことすらできず逃げ腰になる。

ただでさえサードというポジションは、右打者が引っ張る強い打球がバンバン飛んでくるというのに。

じゃあ打つほうはどうかといえば、これもまるでダメ。小学生がやる野球はバッター優位で、打率が五割以上になる選手なんてザラにいる。そのなかでぼくはチームで唯一、打率一割を切っていた。つまり、ほとんど打てたためしがなかった。まったくもって、ひどいプレーヤーだ。なぜそんな選手が、花形ポジションのレギュラーでいられたのか？

そう、答えは簡単。監督である親父が、独断と偏見で出場選手を決めていたから。はっきり言って、単なる依怙贔屓《えこひいき》だ。

能天気なぼくは、そのことに当時まったく気づいていなかった。むしろ、ぼくはきっとこのチームに必要な選手なんだ、ムードメーカー的な存在でもあるしな。そう信じ込んでいた。

実際のところ、盛り上げ役としてはまだ役に立っていたはずだ。仲間のプレーを褒めたり、ミスした選手を励《はげ》ましたり、チームに勢いをつける声出しには自信があった。タイムをとってマウンド上のピッチャーのところへ行って、いい具合に声をかけたりするのなんて、なかなかうまかったものだ。

まあチームメートからしたら、いちばんヘタなやつに励まされるのもどうかと思う。微妙な感じだったかもしれない。ただ、

「ピンチ？　だいじょうぶだよ。絶対切り抜けられるから、おまえなら！」

「あんなバッターはとっとと片付けてさ、早くいつもの駄菓子屋に寄って帰ろうぜ！」

などなど。ひとをのせる言葉は、けっこうスラスラと口を突いて出ていたと思う。

聞くところによれば、プロ野球の世界だって、ピンチに陥《おちい》った投手にコーチがマウンドでかける言葉なんて、

「あのオネエちゃんとの仲、進んでんのかよ？」

といった与太話《よたばなし》が多いらしい。

追い込まれている状況で細かな技術論を説いたって、どうせ頭に入りやしない。それよりも、ふっと気持ちが楽になることを言うのだそう。

ものすごくよく解釈すれば、ぼくは小学生のころから、プロと同じ声がけを実践できていたとも言える。

ただし、だ。これはずっとあとになってから耳にしたのだけれど、ほかの選手の父兄からは、不平不満がかなり出ていたらしい。

「なんで藤森さんちの子が、ずーっとレギュラーに居座ってるんだ？」

そりゃまあ当然の声だ。

サードの控え選手は、ぼくよりずっとうまい子だった。でもぼくがいるから、その子は

万年補欠。

申し訳ないことをしたなと、いまだに思い起こしてしまう。

ぼくが守りについているかぎり、うちのチームには、サードにとんでもない穴があるわけだった。大会で勝ち進んだりすると、相手もこっちのことを研究してきて、穴をきっちり突いてくる。

打者がみんなサードを狙って打ってきたりして、ぼくは案の定、打球をまともに処理できやしない。

ぼく以外の選手はレベルが高くて、そこそこ強いチームだったから、県大会を勝ち進んだりしたんだけど、たしか決勝戦は「穴」であるぼくのせいで負けてしまったのだ。

なにひとつ長続きしなかった中学・高校時代

大会に負けてしまったことにはがっかりしたけれど、ぼくは不思議なことに、まだ自分の才能のなさには思い至っていなかった。

自分が狙い打ちされていたというのに、そのせいで負けたことに気づいてさえいない。

だから、すぐに野球をやめちゃうとか、父親に反発するといったことにはつながらなかった。この能天気さは、生まれ持ってのものとしか言いようがない。

それでもさすがに中学へ上がって、チームの監督が親父じゃなくなってからは、

「あれ、おかしいな？」

と、風向きが前とは違うことを感じた。

ノック練習でいつも居残りさせられているうちに、ようやく、

「ああオレって徹底的にヘタクソなのか。才能ないんだな……」

と、気づいた。

ヘタではあっても野球が好きなのは間違いなかったし、仲間といえば野球を通してできたやつらばかりだったから、野球から遠ざかることを無意識に避けようとしていたのかもしれない。

でも、中学の野球部で落ち込んでいるいま、もう限界だと感じた。これ以上は、続けられない。

そう決断して、まずは父親に伝えた。

「オレ、野球やめるわ」

親父からすれば、ぼくのそんな申し出を受け入れることは「息子を野球選手にする」という見果てぬ夢が完全に崩れてしまうことを意味する。

だからだろう、親父はこれまでになかったくらい激しくぼくを叱《しか》ってきた。

それでも、こっちだって引き下がれない。日々つらい思いをするのは、ぼくなんだから。

「向いてねえんだよ、オレに野球は。もうやりたくねえ！」

と言い張った。

「やめてどうすんだ！　なんにもできないやつになっちまうぞ」

そう責めてくる父に、ぼくはきっぱりと抵抗した。

「うるせえっ、オレはこれからサッカーやる！　いま流行《はや》ってるのはサッカーなんだよ」

言い返すセリフが、われながら軽いなあと思う。やめる理由として、野球よりサッカーのほうがいまはカッコいいんだと主張したんだ。

野球の素質はない。といって、ならサッカーならできると思った根拠はなんだったんだろう？

それでもぼくは意志を貫いた。父と大ゲンカした末に野球部をやめて、サッカー部へと入り直した。

でも結果は同じ。

「サッカー、向いてないな」

サッカー部もすぐにやめてしまった。

そこからしばらく、ぼくのやろうとすることはコロコロ変わっていった。

サッカーをやめてから、バンドをはじめたり、スケボーに手を出したりしたけれど、モノにできたと言えるほどにはならなかった。

高校に進学したら、「いまは卓球がキテるぞ！」と卓球部へ。でも、行き交う球の速さにまったくついていけず断念。

ちょっとイケてるクラスメートのまねをしたくて、どう考えても向いてなさそうなラグビー部にも入ってみたけれど、これは痛いばかりでなにもいいことがない。早々に退部した。

運動系はもう無理だな……。そう悟って、次は女の子が多いというので写真部に入ってみた。そこがまた予想以上に厳しくて、現像のしかたなんかをきっちり覚えなくちゃいけない。どうにも空気が合わないと感じて、やっぱりすぐにやめてしまった。

高校時代は部活をバリバリやって、アクティブなひとアピールをしまくって、モテる男になって彼女をつくって……。そんな青写真を描いていたんだけど、まったく思いどおりにはいかなかった。

しかたがない、大学に行ってから一発逆転だ！　人生を謳歌《おうか》してやるぞ！

そう決めて東京の大学ばかりを受験して、明治大学に入ることができたので、さっそくテニスサークルに入った。だがそのときも続かず、1年も持たずにやめてしまった。

もうどうしようもない。ものごとが続かないにもほどがある。10代のころのぼくは、とことん性根が据わっていなかった。

ただ逆に言えば、自分の好きなもの、向いているものを探すことにはどこまでも貪欲で、あきらめない性格だと言えないこともない。ものすごくポジティブに考えれば、だが。

たしかに、好きなことをとことん探したり、自分が快適でわくわくしていられる居場所を見つけることに、かなり力を注いできたのは間違いない。それはもう生まれつきと言ってもいいくらいに。

人生イチのモテ期は幼稚園時代？

ぼくはふだん、自分の思い出話をひとに話したりすることはほとんどない。別に隠しているつもりもないんだけれど、聞いてもらうほどの武勇伝もないし……と思うから。

でもいい機会だから、好きなものばかり探して過ごしてきたぼくのこれまでを、すこしつぶさに振り返ってみたい。

小さいころの記憶って、みんなどれほどあるものなんだろう？　ぼくはそれほど鮮明には覚えていない。せいいっぱい遡《さかのぼ》っても、幼稚園に入ってからのことしか思い出せない。

ぼくが生まれたのは長野県諏訪市。諏訪湖が見える、のどかな田舎町だった。

親父は地元の精密機器会社に勤めていた。同じ系列の会社で働いていた母と出会って結婚し、そのまま諏訪の地で家庭を築いていったということになる。

6歳上の兄と4歳上の姉に続く末っ子として、ぼくはこの両親のもとに生まれた。いわば典型的な昭和の日本の平和な中流家庭で、ぬくぬくと子ども時代を過ごせたのはありがたいことだ。

あとで勝手に上書きしてしまった可能性もあるけれど、ぼくのなかにある最初の記憶といえば、こういうものだ。

ぼくはクルマに揺られている。運転しているのはおじいちゃん。助手席に座るおばあちゃんの膝《ひざ》で揺られながら、ぼくは幼稚園に向かっていく。

両親が共働きだったから、身の周りの世話のかなりの部分を、同居していた祖父母にしてもらっていた。

ぼくは末っ子の甘えん坊。幼稚園に行くのが淋《さび》しくてしょうがない。おじいちゃん、おばあちゃんと離れるのがいやなのだ。

願いも空しく、クルマはすぐに幼稚園へ着いてしまう。ひとり降りて園の門へと歩いていくんだけど、振り返るとくじけてしまいそう。だからめいっぱい悲しい顔をしながらも、顔はキッと前に向けたまま、後ろ手にぶんぶん手を振るのがいつものスタイルだった。

ただいったん園に入ってしまえば、友だちの元気な声が聞こえてきて、すぐそっちの輪に入っていけた。どうしようもない利かん坊だったというわけじゃない。

幼稚園の先生にはすごく甘えていて、特に担任のヒトミ先生にはベタベタだった。それに、不思議と女の子と一緒に遊ぶことが多かった。

女の子たちとよくしていたのは、お団子づくり。土できれいな球体をつくって、清掃用具入れの下で半日ほど寝かせておく。するとカチカチに固まるから、幼稚園が終わるころに取り出して、みんなで見せ合いっこする。

女の子からの人気は上々だったはず。人生でいちばんモテていたのはあのころかもしれない。記憶にあるだけでも、３人の女の子から求婚されていた。

「あたし、慎吾くんと結婚するの」

なんてしょっちゅう言われたりして。ぼくのほうでも、アイちゃんという子のことは、ちょっと気になっていたのを覚えている。

ただ、同時に男の子たちともうまくやっていて、彼らとは駆けっこや鬼ごっこをよくしていた。みんなとバランスよく遊ぶ。集団のなかで、そこそこいいポジションを築く。そういうことはけっこう得意で、ごく自然にできる子だった。

素朴でシャイで、典型的な「田舎の子」

小学校に上がってからは、だんだんとヤンチャになっていった。女の子と遊ぶようなことは、もういっさいない。それどころか、女の子と話すことすら、恥ずかしくてできなくなってしまった。自分はシャイなんだなと自覚したのはこのころだ。

女の子と話そうとすると、異様なほどドキドキしちゃって、顔も真っ赤になってしまう。そんな自分がいやで、いつしか女の子と面と向かうことも避けるようになっていってしまった。

結局、小学校の6年間で、女の子としゃべったことなんて数えられるくらいだ。時期ごとに好きな子もいたものの、陰からさり気なく姿を盗み見るくらいしかできなかった。

「チャラ男」と呼ばれるチャラチャラしたキャラクターとか、番組のなかで女の子たちと楽しそうにロケに行くとか、そういう振る舞いは芸人になってからようやく身につけたもの。もともとは、シャイで純朴なやつなんだと自分では思っている。

小学校のクラスでは、男の子たちのなかでの中心グループに属していて、ちょっとした悪さを繰り返すようなタイプだった。

授業中も落ち着きがないし、休み時間になれば校庭の遠くまで遊びに行ってしまって、次の授業には遅れて入ってくるようなタイプ。

それで通知表の連絡欄には、

「慎吾くんは元気で明るくていいのですが、言葉や行動が荒くなることがたまにあります。クラスのなかでは影響力も強いほうなのだから、ひとを攻撃するようなことはしてはいけません。自分の口にしたことが、ひとを傷つけてしまうこともあるのだと、早く気づけるようになるといいですね」

といったことを書かれたりした。

自分が活発なグループにいるのをいいことに、なよなよしている子をイビったりするようなところもあったんだ。そんなことを親に知られるのはいやだなと思って、通知表が返ってくるときはいつも「マズいこと書かれてないか?」とドキドキした。

少年野球のチームに入ったのは小学3年生から。ただし冬場は、スケートクラブに通っていた。寒さの厳しい諏訪地方の子どもたちは、寒くなるとウインタースポーツに切り替えるのが普通だ。

３年生あたりになると男の子たちはみんな自転車を買ってもらう。休みの日は友だちと自転車で諏訪湖一周サイクリングに出かけたりした。基本的には遊ぶといったら戸外。典型的な「田舎の子」だった。

ゲームといえば、スーパーファミコンが隆盛の時代。人並みに興味は持ったけれど、特別にハマるということもなかった。

とにかくかなり素朴だったということだろう。小学生になって最初に買ってもらった誕生日プレゼントが、ストップウォッチだったくらいだから。いろんな計測をできる時計が当時は流行っていて、無性《むしょう》にそれが欲しくてねだった。

イケてるクラスメートに手あたり次第接近

先に述べたように、中学生になるとまずは部活で挫折を味わった。小学生のころから打ち込んでいた野球だったのに、じつはまるで素質も実力もないってことを、中学でいやというほど思い知らされたのだった。

小学生まではクラスの中心グループにいたけれど、中学になると他校からも目立つひと、リーダータイプのひとがたくさん入ってくる。自分なんてとてもじゃないが、中心になんていられやしない。

筋金入りのヤンキーに、やたらオシャレなマセたやつ……。世の中にはいろんなひとがいるものなんだなと感じた。そんな個性的なひとたちを押しのけて、自分が中心になってやろうと野心を持つような根性は、ぼくにはない。

その代わり、リーダー格のひとや、「コイツはなにか持ってるな」というひとを見つけては、スッと近づいて仲良くなることは得意だ。相手のことを本当にスゴいなと思うから、素直に賞賛できるところが相手にも喜ばれるみたい。

中学のクラスには、ちょっとカリスマ感のある人気者がいた。ぼくはためらうことなく彼に近づいた。自分がのし上がるのにうまく利用してやろう、というつもりじゃない。自分にない輝きを放ってるひとにはどうしようもなく惹《ひ》かれて、どんなひとか知りたくなってしまう。

近づいてリーダーと仲良くなって、気づけばぼくも、お裾分《すそわ》けで人気者グループの一員になっていた。

そうこうするうち、中学の途中から親父の仕事の関係で、香港に住むこととなった。現地の日本人学校に通ったのだけど、そこには全国各地の中学生が集まっていた。東京から来ている子はマセてるしオシャレ。自分にないものを全部持っていて、憧れた。そういうひとと同じグループに入りたい！　ぼくは彼らの中に飛び込んだ。憧れのグループの色になじもうとして、ぼくは自分をイチから染め直そうとあれやこれやと手を出した。

オシャレに励み、スケボーをやって、バンドもはじめてみた。

野球の例でわかるように、ぼくはいろんなことを器用にこなせるほうじゃない。スケボーはぜんぜん上達しないし、バンド活動のために手に入れたギターもちっとも弾けるようにならない。

ライブの真似事《まねごと》も何回かやったけど、みんなの足を引っ張るばかり。お調子者でムードメーカーだからバンドメンバーには入っているものの、ぼくの楽器から音が出るとサウンドが壊れる、だからぼくのギターにつなげたアンプはこっそりスイッチがオフになっている……、というような立場だった。

結局、「習得した！」と胸を張って言えるものはなにもないままの学生時代だった。

ひとに取り入るのは得意。ひとと関係を築くことは、まあできる。でもそのぶん本当の実力がまるでない。自分ひとりじゃなにもできない。

そんな情けない感じが、いつまでもぼくにはついて回った。

モテたい、遊びたい。だから甲府の高校に

高校に入ったころからぼくの頭のなかには、モテたい、遊びたい、華やかなひとになりたい……。そんなことばかりが渦巻いていた。

まあ、その年頃の男子なんて、みんなだいたいそんなものだ。

中学時代までのぼくは、いちどたりとも、みずから誇れるものを手にしたことがなかった。野球で挫折して以来、部活に打ち込んだこともなければ、仲間たちみたいにファッションやスケボー、ギターといったカッコいい趣味を極められたわけでもない。

唯一、たくさんの友だちと良好な関係を築けたことだけはよかったけれど、自分のなかに「なにもない」という感触は強く残った。

高校に入ったら、今度はなにがなんでも、うまくやらなくちゃいけない。そう気合いを入れた。

中学3年生のときは香港にいたので、海外入試枠制度を使って受験したのが、山梨県甲府市にある駿台甲府高校。地元の諏訪からはちょっと離れているけれど、そこに通うことにした。

なぜ地元ではなく、甲府の学校にしたのかといえば、そりゃ決まっている。「都会に出るぞ！」という一心からだ。

受験を考えるようになった時期にはすでに、長野の学校へ進学するつもりはさらさらなかった。いまよりすこしでも栄えた土地へ行きたい。進学はそのための手段だとしか考えていなかったから。

甲府は、諏訪から見ればかなりの大都市だ。本当は東京に行きたいけれど、いきなりはとても無理。ならばまずは一歩前に進むべきと考えた。

通学には一時間くらいかかるけれど、街へ通えるんだからそれくらいのことはまったく苦にならない。

甲府駅からほど近い高校に日々通う、それだけで心が躍った。甲府の駅には駅ビルもあればサティ、サイゼリヤ、吉野家だってある。やたらオシャレなパン屋さんなんかもあったりして、最初のうちは駅の周辺ではしゃぎまくっていた。

一転、美容師になりたい！

念願の「都会での高校生活」。バラ色のものとなるに違いない！　と思ったけれど、すべてが目論《もくろ》みどおりにはいかない。

ぼくは新しい環境に入るといつもするように、周りを見回してどの集団が楽しそうなのか、どのひとが人気者か、憧れる対象はどこにいるのか探った。

高校ともなると、各校から集ったカリスマ的な存在がひしめいている。これまでに出会ったことのないタイプのひとをあちらこちらで見かけた。

そのなかでも、いろんなことに才能がありそうな、存在自体が明るくて目立つクラスメートを見つけて近づいてみた。すぐに仲良くなってもらえたのはいいんだけれど、彼がラグビー部に入ると言い出したのでちょっと戸惑《とまど》ってしまった。

彼のことならなんでもまねしてついていこうとしていたぼくは「じゃあオレも……」とラグビー部へ入部届けを出した。こんなに線が細いぼくには、どう考えたって向いていないというのに。

いざグラウンドに出て練習をかじってみると、やっぱりまったくついていけない。当然だ。身体能力的に無理があるし、ラグビーなんてやったことも興味を持ったこともないんだから。

結局3ヵ月も経たないうちに、ぼくは退部してしまった。早くも挫折感を味わうことになった。そこから高校生活の全般が、あまりしっくりこなくなっていった。

勉強に特別な関心を持つなんてことはまったくないし、相変わらず彼女もできない。自分のなかに芯《しん》がないから、いったん流されはじめると、際限なく流されていってしまうのだ。

生活全体が無気力になった。一度は高校をやめてしまおうかと真剣に悩むところまでいった。

じゃあやめてどうするつもりだったのか。ひとつ目算《もくさん》はあった。

美容師になる！

と考えていたんだ。なぜ美容師か？　は、はっきりしている。木村拓哉さんの影響だ。当時、テレビドラマ『ビューティフルライフ』が放映されていた。表参道に店を構えるカリスマ美容師役の木村拓哉さんが、ものすごくカッコよかった。

これだったんだな、本来オレが目指すべき道は。そう思い込んでしまって、のんびり高校に通っている場合じゃない、いますぐやめて美容専門学校に入り直し、表参道で髪を切る美容師にならなければ、という気持ちが止まらなくなった。

思い詰めたある日、自分の計画を母親に話した。けれど、

「話にならない」

と一蹴《いっしゅう》された。それはそうだ。

「どうぞ、やるならいいけど、私たちはなにも手伝わない、支援もしない。高校の学費を返してから、美容専門学校のお金も自分で工面しなさい」

と、当然のお達しがきた。こちらも芯がないものだから、そこまで言われたら、

「いえ、すみません……。じゃあやっぱり高校にちゃんと通います」

となる。いやいやながら高校には通い続けることになる。

そうはいってもどこかにあきらめきれない気持ちが残る。それで、せめてもの抵抗の証

にと、木村拓哉さんがドラマのなかで乗っていたのと同じバイクを買おうと決心した。

しばらくピザ宅配のアルバイトに励んで、お金を貯めた。半年後に、32万円のバイクを購入した。

大満足だった。一歩、木村拓哉さんに近づけた気がして、乗り回したものだ。

大学選びは立地だ。つまり東京だ！

それにしても、なぜそこまで木村拓哉さんに執着したのか？　それはやっぱり、「モテ」と「イケメン」の象徴だったからだ。

そのころの、いや半生の大半の期間においてと言ってもいいけれど、ぼくの原動力は「モテたい」のひとことがほぼすべてだ。たいていのひとが、本音としてはそうなんじゃないだろうか。

中学生のころからそうした思いがぜん高まってきたのに、現実には全然モテなかった。

高校に入ってからも、いいカッコができた場面なんてまるでない。だからぼくの考えるこ

との大半は、

「どうやったらモテるんだろう」

ということ一色になっていった。

モテることを夢見て、情熱を傾け、それなりに努力はしていた。日焼けサロンにも行ったし、学校で禁止されているはずのメッシュも髪に入れていた。流行っていたギャル男向け雑誌『men's egg』は、バイブルとして熟読した。

そうやって情報に触れて頭でっかちになればなるほど、日本のオシャレの中枢たる東京への憧れは募《つの》った。東京へ行くしかない、それがオレの人生を変える唯一の方法だ。いつしかそう思い込むようになった。

高校時代も、年に一度くらいは聖地・東京へ遊びに行ったりしていた。そこに身を置くだけでかなりビビりながら、原宿の竹下通りや渋谷のセンター街に佇んで、地元に帰るとひとしきり自慢をするのだ。

やっぱり東京はスゴい。楽しい。どうしたらこの東京での生活を日常にできるか……。考えを巡らせてみるに、ここはやはり東京の大学に進学するしかないだろうとの結論になった。

高校3年生になって受験を意識する時期がくると、目標ははっきりひとつに定まった。

「東京の大学に受かるぞ！」

の一点だ。

モテたい気持ちは封印して、この1年は受験勉強に費やそう。そうして、晴れて東京へ行くんだ。

決意をより固めるため、髪は丸刈りにした。そうしてひたすら勉強に打ち込んだ。

1日8時間以上を勉強に費やし、休みの日も学校へ行って先生に特別授業をしてもらったりした。すると、努力したぶんだけ成績は伸びた。それまでクラスでほとんどビリだったのに、上位の常連になった。目標があると、それが不純であろうとどうであろうと、ひとは強くなるものだ。

猛勉強の甲斐あって、東京の大学を受験できる学力のメドが立ってきた。さてじゃあどこを受けるか。ぼくの基準はたったひとつ。

「大学は立地だ」

この原則に従って、いかにその大学が都心のオシャレな場所にあるかどうかを判断材料にした。立地に優れた学校のなかから、自分の学力でなんとか届く可能性のある大学を探した結果、条件に適ったのは明治大学だった。

明治大は1、2年時は明大前。3、4年時は御茶ノ水のキャンパスに通うと資料に載っていた。明大前、御茶ノ水とも新宿から電車で1本だ。これは大都会だ、と思った。諏訪や甲府方面から眺めると、大都会・東京のゴール地点は中央線上の新宿となる。新宿こそが東京の中心であり、そこからどれほど近いかで「素敵さ」が測られるのだった。

本当をいえば、受験生のぼくは国立大志望ということになっていた。本人からすれば東京に出られればなんでもいいのだけど、ぼくの将来を真剣に考えてくれる親や進路指導の先生は、国立大を狙えるのなら国立を受験しなさいと勧めてくる。反対する理由も思いつけないのでそれには従って、センター試験を受けて横浜国立大学への願書も出していた。

ただ、横国大の二次試験のときにはもうぼくは、明治大学に合格していた。明大は大都会・新宿のすぐそばにある大学であり、ぼくにとってそれ以上の大学はほかにない。

なので親には申し訳なかったが、横国大の二次試験に行くふりをして東京で宿泊したのはいいが、そのまま遊びに出てしまった。

家に帰ったら、「うーん、ちょっと手応えなかったな、たぶんダメだったわ」などと適当なことを言ってごまかしておいた。

新歓コンパで浮きまくる

こうして晴れて、夢にまで見た「東京での大学生活」をスタートさせることができた。最初は京王線の桜上水駅のアパートに住んだ。

いざ憧れの東京キャンパスライフだ……というのに、ここでもぼくは最初っからつまずいてしまう。

大学に入ったら遊びまくるぞ、カッコいい生活を送るんだぞ。彼女もすぐにできるかな？　と胸を膨らませて、まずは入学説明会に出向いた。

キャンパスでは新入生の歓迎ムード一色で、サークルの勧誘があちこちでおこなわれていた。

新入生が通りかかるたび、先輩たちが群《むら》がって「うちに入らない？」「こっちどう、楽しいよ」と声をかけている。

ぼくもどう見ても新入生のはず。それなのにひとが寄ってこない。それどころか、「なんか危ないやついるなぁ」みたいな目で見られ、避けられているのを薄々感じた。

なぜかって、どうやらぼくの格好が浮きまくっていた。

高校時代から『men's egg』をバイブルとし信奉していたぼくは、説明会の日も髪は金髪、ド派手なポロシャツに短パンで、黄色だかオレンジ色だかに輝くサングラスをかけて歩いていた。

あれ？　自分みたいなスタイルのひとがほかにいないな。そう感じて、勧誘する側の先輩たちをよく見てみると、彼らが着ているのはぼくみたいなギャル男テイストのものじゃない。

ぼくの地元じゃ最先端だったはずなのに……。と思ったが、どうやら東京じゃ、ギャル男はすでに流行が終わっていたらしい。

流行はすっかりストリート系に移っていたのだ。それなのになにも知らないぼくだけは、サーフブランド中心のめちゃくちゃチャラチャラした格好のまま。それでかなりの悪目立ちをしていたのだった。

サークルの新歓コンパにもあちこち顔を出しまくってみた。けれど、どこに行っても要注意人物みたいな扱いを受けた。あいつはどうせ女の子を探すためだけに来てんだぜとマークされ、そのまま「出禁」になったサークルもあった。

まあ、服装だけじゃなかったんだ。ここから新しい自分になるんだ！　と息巻いていたぼくは、最初が肝心《かんじん》とばかりにはしゃぎまくって、「パーティピーポー」を必死に演じていた。それが完全に裏目に出たわけだ。

ショックだった。自分が甲府で積み上げてきた渾身の「ギャル男路線」が、完全否定されたのだから。

このままではいけないのだなと、さすがに気づいた。語学のクラスで仲良くなった友だちがテニスサークルに入ったというので、一緒に入れてくれと頼み込んだ。

「いいけど、そのままじゃきっと浮いちゃうよ」

そう言われたぼくは、改心してイメチェンすることにした。浮かないようにとまずは服を買いに行った。クラスの友だちに「ここがいいんじゃない？」と教えてもらったショップは、裏原宿というところにあった。

原宿に「裏」があることなんて、そのとき初めて知った。

そこで流行りのストリート系ファッションを買い込んで、ようやくテニスサークルに身を落ち着かせることができたのだった。

サークルの部長を務めている先輩は、さすがカリスマ性のあるひとだった。カッコいいなと憧れて、自分から近寄っていったら、いろいろとかわいがってくれた。おかげでサークルにも無理なくなじんでいくことができた。

思うにぼくは、対応力がまったくないわけじゃない。コミュニケーション能力も、条件さえ揃えば発揮できる自信はある。それなのに、ああ。環境が変わるたび、いつも初手《しょて》では失敗を繰り返してきた。

自分を貫く芯のようなものがなさすぎて、ふらふらしすぎるのが原因かもしれない。そうした部分は、きっといまもほとんど変わっていない。ただしずいぶん神経だけは図太くなったから、失敗したって当たり前、そんなこと気にせず何度もぶつかっていって、すこしずつ軌道修正しながらうまく自分の道を見出《みいだ》せばいいやと割り切れるようになっていった。

そのあたりの姿勢というか、身のこなしの軽さだけは身につけられた。自分に最適な居場所を見つけるためには骨身《ほねみ》を惜《お》しまず、何度でもチャレンジする。そんなスタイルが、すこしずつ自分のなかに築けてきたような気がする。

ひと目惚れ

ぼくに初めてちゃんと「彼女」と呼べる相手ができたのは、大学1年生の冬のことだった。

きっちり自分から告白して、彼女になってもらえたんだ。そのことを誇りに思いたい。言うべきことは言葉にして直接ぶつけるべきだなと、このとき学んだ。

「絵に描いたような青春を謳歌してやる！」

そう固く決意して明治大学に入ったぼくは、イケてる大学生に必須の「テニスサークルのメンバー」という肩書を得て、活動にいそしんだ。

もちろんそこには女の子がたくさん集っていて、たくさんの知り合いができた。

そのなかに、容姿も雰囲気も超タイプの、かわいくていい子がいた。

ひと目会ったときから「いいな」と思ったし、一緒に活動してその子のことを知れば知るほど、想いは募っていった。

だけど、肝心の「そこから先」の一歩が踏み出せない。

もともとのシャイで奥手な性格にくわえて、そもそも女の子をデートに誘った経験すらないんだから、どうしたらいいかわからないのは当然だった。

どうしたらいいのか……。彼女を遠巻きに眺めるばかりの日々だったのだけど、あるとき重大な情報が回ってきた。

同じサークルのほかの男子が、その子に近く告白をするつもりだという。そのために、ふたりで会う約束もすでに取り付けているらしい。

これはやばい、一大事だ！　でも、どうしたらいいのか……。

いや、迷っている場合じゃない。勝負をかけるしかないだろう。そう肚《はら》を決めて、先手を打つことに決めた。

それで、勇気を振り絞って、彼女に電話をした。

ぼくの様子と口調から、なにを言いたいかは相手も薄々気づいていただろうけど、

「ちょっと話、聞いてほしいんだよね」

見え見えのダサダサな呼び出しをして、さっそく翌日に会ってもらえることになった。

店は、新宿の土間土間。ちょっと特別感のある、でもかしこまりすぎないオシャレな居酒屋。当時のぼくとしてはちょっと背伸びをして店を選んだ。

女性が喜ぶ話題、お店でチョイスすべきメニューその他の知識は、日頃から『ホットドッグ・プレス』なんかを読んでため込んでいた。ようやく巡ってきた実践のチャンスを前に、しっかりと知識のおさらいをしておいた。

あくる日。土間土間へ行って、まず注文するのはシーザーサラダだ。女の子はみんなそれが好きだって雑誌に載っていた。ふたりともまだ二十歳《はたち》前でお酒は飲めないから、飲み物はソフトドリンクで。

ぼくが持ち出すちょっと上滑りで軽薄な話題を、彼女はどれもにこやかに受け止めてくれた。

場を盛り上げることと、今日の本題である「告白」にうまく話をつなげていくことに必死で、まったく余裕のないぼく。対して相手は、そんなぼくの様子を見守る余裕すら感じられた。

お酒を飲めないぼくらは、そんなに店に長居もできず、食事を終えると新宿の街に出た。当時ぼくはバイクに乗っていて、その日もバイクで来ていた。

「うしろ、乗ってみる？　どっかまで走ろうか？」

そう訊くと、「いいよ」と承諾してくれた。

有頂天《うちょうてん》になったぼくは、彼女を乗せて得意げに、東京の街を走り抜けた。

お台場のビーチで初の告白

行き先は、当時の東京におけるデートの聖地、お台場だ。

レインボーブリッジを渡って、小さい人工ビーチのあるところでバイクを降りた。高台には、ニューヨークにあるものよりは小さめの、「自由の女神」が設置してある。

女神の足元から延びる桟橋をふたりで歩いて、そこで思い切って告白をした。

すると……。返事はなんと、「オーケー」だった！

ただただ、うれしい。これ以上の喜びがほかにあるかと思った。

帰り路《みち》のバイクは、それはそれは楽しかった。

あとから振り返って考えれば、相手がぼくよりずっと「大人」だったからよかった。なにしろぼくときたら、お台場でバイクを降りたあと、緊張しすぎてもじもじするばかり。なにもしゃべれなくなっていた。

そんなぼくをさりげなくリードして、無事に告白へと導いてくれたのは明らかに彼女のほうだった。

彼女はそういうことを無理なくにこやかにできてしまう、本当にいい子だった。それから3年半ほど、お付き合いが続くことになった。

ちなみに、残念ながらお別れを迎えてしまった原因はぼくのほうにある。「彼女か、お笑いか」の二択で、お笑いをとることにしたのだ。

大学在学中に、ぼくはあっちゃんとともにお笑いの道に進むべく、東京ＮＳＣへ入学することにした。ふつうなら就職活動をしなければいけない時期に、ぼくは就職活動を捨ててＮＳＣに行くことに決めた。

優しい彼女はそのとき、

「応援するよ」

と言ってくれた。でも、こちらとしては不安で頭のなかがいっぱいだ。自分の未来に対する見通しも、まったく立たない状態だった。正直なところ、彼女とのことまで考えている余裕はなくなっていた。

付き合いはじめたころは、まさかぼくがお笑いの道に進みたいと言い出すなんて、予想もつかなかったはず。当のぼく本人だって驚いてしまっているのだから。

ぼくがいきなり決めた「人生の方向転換」に、彼女を付き合わせるわけにはいかない。ぼく自身が不安でしょうがないのだ。そんな不安な未来に彼女まで巻き添えにしてはいけないだろう。そう思った。

ひたすら弱気になったぼくは、お付き合いしながら芸人を目指すなんてできないからと説明して、

「もう別れてください！」

泣きながら彼女に告げた。

彼女の家の近くで、公園の周りをぐるぐる歩きながら別れ話をした。彼女は最後、泣きながらぼくの言葉を受け入れてくれた。

ぼくに、もうすこし余裕があれば、なんとかなったのかもしれない。でも、ぼくにはとてもそんな器量がなかった。

だってそのころは、就職もせずにお笑いの道に進むと決めたストレスからくるのか、シャワーを浴びると髪の毛が大量に抜けたり、よく鼻血が出たりと、心身ともにかなりダメージを受けていた。

人生を懸けた勝負をする、そのことの重みにつぶされそうになっていた。
すべてはぼくの不甲斐《ふがい》なさのせいで起きた破局だった。悲しいけれど、しかたがない。
あれが当時のぼくの「限界」だった。

第4章

人間関係の攻略法

無力な自分を受け入れる

わくわくする場所は世の中にいくらでもある

2020年秋から2021年初めにかけて、ぼくはお芝居の舞台に立つことになった。それもただの芝居じゃない。なんと、ミュージカルだ。

役者の仕事はすこしずつ増えていて、最近じゃ現場でも、共演者の皆さんと軽口を叩いてみたりと、多少の余裕を持てるようになってはきていた。

とはいえ、歌って踊らなくちゃいけないミュージカルというのは、通常の役者業よりもいっそうハードルが高くなる。それでこれまでは、とてもぼくが関われるようなものじゃないと思っていた。

そこへありがたいことに、出演のオファーをいただくことになった。ぼくは聞いた瞬間、

「よし、挑戦してみようじゃないか」

という気持ちになれた。自分でもすこし驚いてしまうほど素直に。もっと尻込みしてしまうかと思ったけれど、案外すぐに肝《きも》が据《す》わったのだ。

演じることに徐々に慣れてきていたから、ぜひ次のステップへ踏み込んでいきたい。こ

こは積極的にいこうという気持ちが、すんなりと湧《わ》いてきた。

出演したミュージカルのタイトルは、『ローマの休日』という。そう、かのオードリー・ヘップバーンが主演した、名作映画として広く知られるお話である。

某国の王女アンが、新聞記者の導きによって、ローマでひとときの自由な時間を過ごす。するといつしかふたりのあいだには、淡い恋心が生まれてきて……。

そんなロマンチックなストーリーだ。

新聞記者の友人にして、仕事仲間のカメラマンという人物が、ぼくの演じる役どころだった。このカメラマン、劇中でなかなか重要な位置を占める。新人「ミュージカル俳優」のぼくの肩には、ずしりと重い責任がのしかかってきた。

会場は全国３ヵ所で、東京の帝国劇場、名古屋の御園《みその》座、福岡の博多座を順に巡ることになっていた。どこも名門の劇場だ。こんな立派な舞台に立たせていただくのは、もちろん初めての経験になる。

だから初日は、さすがにかなり緊張した。手が震えてしまって止まらなくなった。そんな状態になることなんて、いったいいつ以来だっただろう。

でも、いざ演じはじめたら、そんな緊張感がむしろ、気持ちの「ハリ」として心地よく感じられた。

初日の緊張を乗り越えてしまえば、あとは毎日、演じるのが楽しくて楽しくてしかたなかった。

今日はあそこを工夫してみよう。もっと動きを大きくしてみたらどうかな……。などなど、毎回チャレンジするポイントを見つけて、自分で改善していけるのは、舞台で演じるときならではの醍醐《だいごみ》味だ。

初めてご一緒することとなった舞台役者の方々とも仲良くなれて、「一座の一員」となって過ごせるのがとにかく楽しかった。

ぼくの知らない、こんな胸躍る世界があるんだな。そう実感した。わくわくするフィールドが、世の中にはまだまだいくらでもある。

自分でそこに気づけるかどうか、チャレンジする勇気を持てるかどうかが大事なんだと、あらためて思えた。

最初は自分には「とてもとても……」と思えていたミュージカルでも、思い切って飛び込んでみると、こんなにも得難《えがた》い体験ができた。新しいなにかをやってみるっていうのは、こういう高揚感があるからやめられない。

究極のお調子者

ぼくはいつもジャンルやテイストを問わず、オファーさえあれば、とりあえずなんでもやってみようというスタンスでこれまで芸能生活を続けてきた。プライベートでも、新しいことを知ったり試したりするのは大好きだ。

仕事の面ではこのところ、ミュージカルのほかにもユーチューブのチャンネルを開設したり、オンラインサロンをはじめたりと、常に新しいことを取り入れてきた。まあこのあたりは、相方のあっちゃんが先行してやっていた分野だから、かなりその影響を受けた面がある。

ユーチューブをはじめるったって、そんなにやることあるかな。ネタも、そしてそもそも根気だって、続くかどうか……。

正直、最初はそう思っていた。そもそもデビュー当時から、ネタもつくれば番組での立ち位置なんかも計算してきたあっちゃんは、セルフプロデュースが大切なユーチューブの世界に明らかに向いている。

対するぼくには、ひとりで企画立案して実行して、なんてことはできっこないんじゃないか……。

けれどやってみると、案外なんとかなるものだ。やればやるほど、どんどん楽しくなっていった。視聴する側もそうだろうけど、チャンネルを運営する側も、ユーチューブには「ハマっていく」中毒性があるみたいだ。

世間ではどちらかといえば、純粋に不器用に、ひとつのことにひたむきに打ち込むようなタイプのほうが高く評価されるし、イメージはいい気がする。ぼくみたいにあれもこれもと手を出すようなのは、節操《せっそう》がないとか腰が据わらないだとか、ふらふらしたふざけたやつだ、などとあまりよく思われないふしがある。

でもぼくはやっぱり、ひとのまねをしてふらふらと、流行《はや》りものにどんどん手を出してしまう。

「節操がないやつだな」

そんなふうに厳しい目で見られているのに気づくこともある。でも、これが自分の性質《たち》なのだから、もうどうしようもない。究極のお調子者としてふらふらしている状態が、ぼくの通常運転状態だ。

いくら年齢を重ねたって、落ち着いてくるってことはどうやらなさそうだ。これから先も、このままふらふらしながら歩んでいくことになるのだろう。

「褒め言葉」こそ原動力

節操のなさを丸出しにして、あれこれ手を出しながら、ぼくはこれまで自分の活動範囲を拡げてきた。

役者としての「演じる仕事」も、最初は単なるミーハーな気持ちではじめただけだった。高校時代、木村拓哉さんの出ているテレビドラマに憧《あこが》れていたというのは、前に述べたとおり。芸能界への憧れは、そこが原点になっている。

結果的に芸人としてデビューすることになったものの、ドラマや映画に出たいという気持ちはどこかでずっと抱いていた。

だからといって、演技の勉強をするために学校に通うとか、そんな具体的な行動は起こしていない。ただ、「いつか役者もやってみたい」という気持ちだけは、忘れずに持っていた。

芸人になってからも、ぼくがコントなんかをやっているのを見て、

「藤森って、役者もいけるんじゃないか？　今度、端役でもふってみようかな」

と思ってくれるひとがいたらしめたものだと思っていた。

実際、役者をやってみないかと声をかけてくれたひとは、最初そんなノリでぼくを選んでくれたようだった。チャンスというのは、想っていればいつかちゃんと訪れるものだ。

そういえば、雨上がり決死隊の宮迫博之さんは、

「おまえは声もいいし、役者やったらええのに」

と、早い時期から言ってくれたひとりだった。

宮迫さん自身もドラマや映画で印象的な芝居をたくさんしているから、そういうひとにそんな言葉をもらえるのは、すごく励《はげ》みになった。

ぼくは肯定的な言葉をかけてもらったときは、それを丸ごと信じて呑み込むことにしている。褒《ほ》め言葉はぼくにとって、本当にそのまま物事に打ち込む原動力となるのだ。

学ぶ姿勢を忘れない

ドラマの撮影現場で、監督や共演者にいろいろ教えてもらえるのは、とても贅沢《ぜいたく》な体験だ。プロの業《わざ》を目の当《ま》たりにすると、新しい発見だらけ。目からウロコが何枚も落ちる。

新しいことを学べるのって、やっぱり素直に楽しいのだ。そうしてすこしでも自分の成長を実感できると、その仕事がいっそう好きになってしまう。

もちろん、勘違いだけはしないように肝に銘《めい》じているつもりだけど。

たとえ現場で褒めてもらえたとしても、それはあくまでも、

「芸人にしてはやるじゃん」

「初めてにしてはよくがんばってるね」

くらいの意味だ。そこを見誤ってはいけない。

「お芝居はズブの素人ですので、学ばせていただきます」

というスタンスを、いつだって忘れてはいけないのだ。ゼロ地点から柔軟に吸収しよう。言われることはなんでも聞こう。いつも、そういう気持ちでいるようにしている。

そうすると、スタッフの方々も共演者のみなさんも、ずいぶん優しくしてくれるものだ。謙虚に、でも仕事上は全力で食らいついていくぞ！　という人間を、冷たくあしらうひとなんて、どこの世界にもいない。

だから現場ではいつも、プロの技術や考え方、ふるまいを余すところなく見せてもらうぞという気持ちで、みなさんの仕事をよくよく観察している。と、その道を極めているひとたちの凄《すご》さに、ひたすら圧倒される。実地にプロの迫力を感じ取れることが、楽しくてしかたない。

対峙《たいじ》すると凄さがよくわかるというのは、お芝居の世界のことだけじゃない。芸人の世界でもそうだ。テレビを通して観ているだけではわからない部分が確実にある。

ちなみにぼくが最も「本物のオーラ」を感じた方といえば、ビートたけしさん。番組でご一緒することになって楽屋へご挨拶《あいさつ》にうかがったときは強烈だった。

椅子に座っていらっしゃるだけなのだけど、その周辺だけ異世界のよう。映画のワンシーンかな？　というくらい姿がそのまま「絵」になっていた。

そのオーラに気圧《けお》されて、ご挨拶をする以外はろくに口も利けなかったのをよく覚えている。

俳優の方々のオーラも独特の華やかさがある。小栗旬くんなんかはまさにそう。彼とは以前から仲良くさせてもらっていて、正月休みに一緒に旅行へ行ったりもするんだけど、実は道中ずっとぼくは彼の姿に見惚れている。

選ばれし者だけが持つキラキラ感があって、見ていていつまでも飽きない。

ひとりでできることなんてない

これは幅広く仕事をさせてもらえるようになってから特に気をつけるようになったことだけど、仕事の役割やジャンルで力の入れ具合を調整したり、優先順位をつけたりしないようにするというのも、心がけている。

デビューしてしばらくは、世間知らずで生意気だから、どこか割り切っていたところがあった。

ここの仕事はまあ楽勝だ、すこしくらい手を抜いてもいいだろう。でもあっちは大きい仕事だから気合い入れなくちゃ、などと。

そういうのは、本当によくないことだ。仕事の重みやありがたさが、まだよくわかっていなかったのだろう。

大学とNSCを卒業してすぐに、下積みもなく派手な仕事をさせてもらえたぼくらは、根本的なところがすこし歪《ゆが》んでいた。

いまも完璧《かんぺき》にできているかどうかは心許《こころもと》ない。無意識にどこか優劣をつけているところがあるかもしれないが、少なくとも表には出さないようにしている。

ぼくらオリエンタルラジオには大きな「失敗の記憶」があって、そこから学んだことはやっぱり大きかった。

デビュー後にすぐ売れてしまって、ぼくらは戸惑《とまど》いや疲れや慢心に、かなり心を蝕《むしば》まれていた。心が荒れているのは、鋭いひとにはすぐ見抜かれてしまうものだ。数年後にレギュラー番組をすべて失うはめになったのも、自業自得だ。

すべては自分たちの不徳《ふとく》の致《いた》すところ。きちんと反省して、その苦い経験を乗り越えていかないといけない。

それでいまは、仕事に優先順位をつけたりしないことを、大事な教訓として頭に叩き込んでいる。

ただ、油断すると悪い面はすぐに頭をもたげてくる。たとえば長く続けさせてもらっているレギュラー番組では、モチベーションを上げきれなくて困るときだってある。

そんなときはどうするかといえば、一緒に仕事をしている共演者やスタッフのひとたちのことを考えるようにしている。

あらためて口にするのは照れくさいが、年月を重ねていくほどに、仕事仲間との絆《きずな》は強くなっていく。長い時間をかけて築いた絆を、ゆめゆめ裏切るわけにはいかない。

テレビ番組ひとつつくるにしたって、途方《とほう》もなくたくさんのひとが関わっているものだ。ぼくはたまたまカメラの前に立つ役目だから目立つけれど、画面に映らないところではディレクターさん、ＡＤさん、照明さん、カメラさん、音声さん。それにヘアメイクさんにスタイリストさん、いろんなひとの時間と手間があって番組はできている。

いくら感謝してもしきれない。彼ら彼女たちのことを思えば、神輿《みこし》に乗せてもらっている自分としては、精一杯に役目を果たそうという気持ちになる。

そのあたりのことは、自分たちでユーチューブの配信をはじめてから、いっそう痛感するようになった。

たとえば、音を拾うために胸元などにつけるピンマイク。このつけ方ひとつ、ぼくはよくわかっていなかった。テレビ局では本番前に、音声さんが胸元にいいタイミングと按配でセッティングしてくれていた。人任せでセットしてもらいながら、ぼくはただ偉そうに突っ立っているだけだった。

ところがユーチューブの撮影は、すべてが自力だ。自分で機材を揃えて、ピンマイクをセッティングしなくてはいけない。これがひと苦労だった。収録したあとにもデータを抜き取って、それを編集してくれるひとに送って……と、さまざまな作業があると知った。音声さんって大変な仕事をしているんだなと、自分でやってみて初めて気づくのだった。

世の中のあらゆるひとに感謝の気持ちを持つというような、聖人みたいなまねはなかなかできるものじゃない。ただ、少なくとも仕事上で深く関わるひとに対しては、敬意と感謝の念を持っておかなくてはいけない。

ひとは自分ひとりではなにもできやしない。それは単なるキレイゴトなんかじゃない。絶対的な真理である。自分の経験値が上がれば上がるほど、そう強く感じるようになってきた。

そりが合わないひとには近づかない

年齢を重ねてくると、ひとの悩みの大半は人間関係なのだなということも、はっきりわかってくる。

だから仕事にしても私生活にしても、結局は「だれと関わるか」によって、その時間のハッピー度は定まってしまう。

そう気づいてからは、

「このひとは自分と合うかな、合わないかな？」

という判断が、ものすごく速くできるようになった。

このひとっておそらくこういうタイプだろうな、ちょっと危なっかしいかも……。

このひとは絶対に信頼できるな、安定感もあるしすべてを委《ゆだ》ねられそうだ……。

などなどと、いったん対面すれば、すぐに自分のなかで決められる。その直観《ちょっかん》のようなものが、たいていは当たっている。

いやもちろん、「危なっかしい」「信頼できる」などというのは、あくまでも「ぼくにとって」ということにすぎないんだけど。そのひとが本当のところ、どういう方なのか。善人なのか、はたまた悪人かなんて、ぼくに嗅ぎ分けられるはずもないし、ぼくが決められることではない。

ただし、だ。

ぼくが関わるうえではどうだろう？　一緒にいるのがいいことかな？　そうでもないかな？

という視点からだったら、かなり正確に判断できるようになったということ。

まあこれは、年齢を重ねるにつれて、自分の「ひとの好み」がはっきりしてきたということなんだろう。

自分なりの嗅覚が発達して、それがいつも正確に作動してくれている。

「ひとを見る目を養えた」

などというと偉そうだけど、仕事柄いろんなひとに会うので、自分を守るための最低限の能力くらいは、自然と身についたようだ。

「残念だけど、どうもこのひととはあまり相性がよくなさそう……」

と思ったときにはどうするか？　それはもう、できるかぎり近寄らないにかぎる。

取《と》り繕《つくろ》って一緒になにかをしようとしても、しばらくするとどうしても無理が生じてきてしまうのは明らか。

お互い負担になってしまうし、相手について探り合うようなことが仕事の中心になってしまっては、元も子もない。

それで最初っから、敬して遠ざけるという判断をするようになった。

ぼくが仕事のジャンルをひょいひょい身軽に拡げてきたように見えるとしたら、それは「気持ちよく関われるひとがいるかどうか」という基準で仕事を選んできた結果かもしれない。

そういえばぼくは仕事をするうえで、このジャンルはいい、こっちは嫌いなどと考えたことがない。

ただ、一緒にいて気持ちのいいひととの出会いがあれば、新しい仕事がはじまり、これまで手をつけていなかったジャンルにも臆せず飛び込んでいける。

その繰り返しで、仕事の幅が拡がっていったのである。

悩みのすべては「人間関係」

関わるひとが、自分とウマが合うかどうか。

それを絶対的な基準にするっていうのは、ものごとを判断する方法として、そんなに間違っていないと思っている。

思えばひとがくよくよ悩むことの中身なんて、ほとんど人間関係にまつわることじゃないか。突き詰めればひとの悩みも喜びも、すべてはひととの関係から生まれるんだろう。

ぼくは中学でも高校でも、ある時期「もう学校行きたくないな」と思うことがあった。

原因はといえば、クラスでの人間関係。パターンはだいたい同じで、なにかの拍子に仲間外れにされて、学校の全部がいやになってしまった。

きっかけとなる出来事なんて、本当にたわいのないことだったりする。でも、問題はそこじゃない。仲間との関係がおかしくなると、とたんに居場所を失った気分になってしまって、学校自体に行きたくなくなる。

そういう塞《ふさ》いだ気分を立て直してくれるのは、ぼくの場合、いつも家族だった。

両親とも、子どもの話を比較的ちゃんと聞いてくれるほうだったから助かった。

親父なんて、最近いじめられているんだと悩みを打ち明けると、

「いじめっ子だ？　そんなの、返《かえ》り討《う》ちにしてやれ！」

などと的外れなことを言ってきたり。

「言ってほしい言葉は、そういうのじゃないんだけどな……」

と思ったりもしたけれど、それでも真剣に関わってくれただけでもうれしかった。

自分の心が傷つけられてしまうのは、ひととの関係による。でも、傷を癒《いや》してくれるのもまた、ひととの関係でしかない。

だれと、どんな距離で接するか。それがすべてだし、なにかがうまくいかないときは、とにかく相手との距離感を見直してみるしかないんだろう。

ラジオの仕事をしていると、リスナーの方からときに、けっこう真剣な相談のメールが届く。たいていは、人間関係に絡むこと。すごく思い詰めちゃっていて、なんとか解決してあげたいなと思うけれど、なかなかうまく言葉で伝えられず、いつももどかしい気持ちになる。

学校がつらい……。そう書いてくるひとには、本音でいえば極端な話、

「じゃあ、もう行かなくていいんじゃないかな？」

と言いたくなってしまう。いまは家に居ながら勉強する手段もあるだろうし、なにもわざわざつらい場所にみずから足を運ぶ必要もない。自分と気の合うひととだけ出会える環境を探せばいいよ、と言い切ってしまいたい。

そうそう都合よくいかないのもまた真実なんだろうけど、自分が精神的にまいらないようリスクを減らして、自分の居場所の環境整備をすることに注力するのがいいと思う。

闘って闘って、打ち勝つ！

というような勇ましさが、いつも唯一の正解というわけではないのだ。

感情の揺れ動きをコントロールする

そう、これはぼくの見かけからもわかってもらえると思うんだけど、戦闘的なところがぼくにはない。というか、決定的に欠けている。

ぼくだって人並みに「力強さ」「たくましさ」「男らしさ」のようなものに憧れたことは

あったけど、さすがにもう、それらを急に得られるとも思えなくなった。

年齢を重ねて、そろそろ落ち着いてきてしまった。

だからこのところは、とにかく、

「穏やかでいたい」

というのが、なににも勝るぼくの心の願いになっている。

自分の気持ちの安定こそが大切であり、なによりも優先したいもの。

できるだけ自分の気持ちをフラットに、凪《な》いだ状態にしておきたい。

そう心の底から思うようになってきた。

そんなことを言うと、心配してくれるひともいる。

「おまえは芸人だろ？　感情が爆発するエネルギーをお客さんにぶつけて、それで楽しんでもらうのが本分だろうに。舞台に立つ側の人間の気持ちが、平穏無事に凪いでいていいのか？　穏やかさなんて、芸事にはマイナスになるだけだ」

うん、それもまったく一理あると思う。

そのあたりについて、ぼくはこう考えている。

ぼくにだってもちろん、感情の揺れ動きはある。ひょっとすると内側には、けっこうドロドロしたものが溜まっているかもしれない。ぼくとしてはそういう感情のゆらぎを、できるだけうまく飼い慣らしたいと思っている。

感情が揺れ動くこと自体がいけないなんてことはない。むしろ素敵なことだ。ただそれが、コントロール不能になってはまずい。自分の感情を、ゆとりを持って眺められる度量が欲しいところだ。

感情のコントロール。言うのは簡単だが、なかなか難しいことじゃないのか？　飼い慣らしているつもりでも、知らず知らず溜め込んでしまって、いつかどこかで爆発してしまうんじゃないのか？

そんな心配はごもっとも。そこでぼくの、節操のない仕事ぶりが役に立つ。

ぼくの場合、役者の仕事なんかが、すごく救いになってくれている。

お笑いの仕事もそうかもしれないが、役者の仕事は特に、感情を遠慮せずに出していいところ。いや、自分をなんらかの感情のかたまりにしていくのが仕事の中心と言っていい。役柄にもよるけれど、ときには嫌なやつの、嫌な感情を存分に表現したっていいわけだ。むしろそれが強く求められたりもする。

幸いというべきかどうか、ぼくは「めちゃくちゃキレる役」「とんでもなく嫌味な役」

などをさせてもらうことが、これまでにもよくあった。そういう人間を演じることが、自分の気持ちのバランスをとるうえで、大いに役立ってくれている。

ふだんのイメージとのギャップがあるからだろうか、そういう極端な役をやると、おおむねいい評価をいただける。

なにも気にせず、「どうぞ存分に感情を出してください」という場があるというのは、たいへんありがたいことだ。

相手の発言にはまず笑顔でリアクション

感情をどう出すかということでいえば、心がけていることがひとつある。それは、「プラスな感情のリアクションは、惜しみなくする」

ということ。「心がけている」と言うとテクニカルにやっているみたいだけど、ぼくとしてはごく自然に、プラスな方向にリアクションをとっているという感覚だ。

なにを言ってもよく反応し、笑ってくれるひとがいたら、だれだって話しやすいと感じるだろう。ぼくはそういうひとでありたいと思う。

だから相手の発言には、まず笑顔でリアクションするっていうのが基本だ。

そうするだけで、会話は確実にノッてくるんだから、ぜひ肯定的にしたほうがいい。

なんだかつまらなそうな顔で、

「へえー、ああ、そうなんですか」

と言われるよりも、大袈裟《おおげさ》なくらいに、

「えっ！　すごいっすね、それ。へえっ、そうなんだー！」

と楽しそうに言ってもらえたほうが、だれだって話しやすいに決まっている。

これは芸人としての特別なスキルというわけじゃなくて、だれもが思い当たるごく普通のことにすぎない。

リアクションが大きいのは自分のクセみたいなものになっているし、ぼくは自分のキャラクターをつくり込むようなタイプでもない。だから、テレビカメラが回っているときもプライベートでも、ぼくのリアクションはほとんど変わらないはず。

もともとひとの話を聞くのは嫌いじゃないんだ。むしろ自分が話すよりも、相手の言葉を聞くほうがずっと好き。

だから、よく言われる。

「あなたはあまり自分の話をしないね」

と。もちろん自分のことを隠しているわけじゃないし、聞かれればいくらでも話すんだけど、それよりも相手の話のほうが興味深そうだし、それを聞きたいなという気持ちが勝る。それに、相手が楽しく気持ちよくしゃべっていたら、それがなによりだと思えるから。

「基本は聞き役」というスタンスは、タレントとしてはどうなんだ？　という声も聞こえてきそうだ。

「スポットライトを浴びる側にいることをもっと自覚しないと！　自分に光を集めようとする強い気持ちを、前面に出さないといけないんじゃないのか？」

と言われたら、まったくそのとおりですと答えるしかない。

ただ、このところ出演しているテレビの仕事でいえば、ぼくは周りを輝かせる役割を担っていることが増えている。そうなると、むしろ聞き役というスタンスのほうがちょうどいい。

たとえば『火曜サプライズ』という番組。旅やグルメに関する情報が多く詰め込まれたバラエティ番組で、ほかのタレントさんや俳優さんがロケをしてきた映像を、ぼくらスタジオ出演者が観てリアクションをするというパターンが多い。

つまり、おもしろい素材（ＶＴＲ映像）が用意されているなかで、その素材をより興味深くてすてきなものへと仕立てていくお手伝いをする、それがぼくの役回りだと任じているのだ。


『王様のブランチ』もそう。自分よりずっと若い出演者たちに囲まれながら、旬《しゅん》の話題を続々と扱う情報番組を賑《にぎ》やかに、かつ滑らかに進めていくことこそ、ぼくの大事な役割だ。

周りが楽しそうに輝くのを促しつつ、そこにちょっとしたエッセンスとして笑いが加えられたらいいかな、というスタンスで毎回臨《のぞ》んでいる。

そりゃたしかにぼくだって、いちおうは15年以上のキャリアがある芸人だ。若い出演者の女の子たちにうまくツッコミを入れたりしながら、もっと自分が目立つように番組を進めていくことだって、やろうと思えばできるかもしれない。

でも、それはどうなんだろう？　それで果たして、共演者のみんなはいまより楽しくなるだろうか。番組としてはそういうノリを求めているのかどうか？

若いひとたちこそ番組の中心なんだから、年長のぼくは、彼女たちが思うぞんぶん飛び跳ねていられる場をつくることに専念したほうがいいんじゃないか。それがいまのところのぼくの結論だ。

番組側からなにも言われないということは、この感覚で正解なんだろう。

そりゃ番組から「もっと、ハッチャケてくださいよ」と言われたらそうするけれど、いまは「そういうのはいらないよ」というのが正しい判断ということ。

そもそも、情報番組内でおいしそうなスイーツを紹介するときに、むりやり笑いをねじ込むのもどうかと思うんだ。

登場したスイーツのすてきさを、そしてリポートしているひとのかわいらしさを、できるだけ引き出すことのほうが大切に決まっている。

……なんていまは余裕ぶって言えるけれど、かつては正直なところ、葛藤《かっとう》もあった。芸人としては、隙あらば笑いをぶち込んでいかなければいけないんじゃないか、ガツガツしてナンボだという気持ちが頭をもたげることもあった。

ほかの芸人たちはもっと強引に話に割り込んで、自分の笑いのペースに出演者全員を巻き込んだりする。そういう力業《ちからわざ》に憧れたりもした。

たとえば千鳥さんや、かまいたちさん、後輩では霜降り明星とかＥＸＩＴとか。芸人として王道の輝きを持っているひとたちはたくさんいる。ぼくから見ても、彼らは本当におもしろい。

対して自分はどうか。

お笑いのど真ん中のところで勝負せず、若い子たちと和気あいあいとして番組を進めたり、お芝居の仕事のほうに走ってみたり。

これじゃ芸人仲間からは絶対に評価されないだろうな……。そう悩んだり落ち込んだりしたことだってあった。

本音を言えばやっぱり、ちょっと苦しかった。

それでジタバタもがいてみたりもした。

でもこればっかりは、王道の売れっ子芸人のまねをしようったって、うまくいくはずもない。

ぼくは結局、自分の気持ちを切り替えることにした。どっちの方面に才能があるかはひとそれぞれだし。自分の性格や特性にいちばん向いていると思われる、いまのような芸風で、わが道を行くしかないと。

「プライドがない」のが武器になる

こだわりやプライドというものは、自分のなかにほとんどない。それらを前面に出してほかのひととぶつかるくらいなら、衝突を回避して自然体でいようというのがぼくのやり方。

とはいえぼくにだって好き嫌いはあるし、ムッとすることだってもちろんある。「あ、なんとなくいやだな」って思うひとも当然目の前に現れたりするというのは、先にも述べた。

これは無理だ、決定的に合わない、一緒にいてもお互いいいことはなさそう……。そう直観するときは、もうそのひとには近づかないというのがぼくの方法だ。

相手をいきなり拒否してしまうなんて乱暴じゃないか、だれにだっていいところと悪いところがあるのに。それを見極めようとするのが本当の優しさでは？

そんな意見ももちろんあるだろう。いや、ぼくだってそう思う。だから実際のところ、敬して遠ざけるひとなんてごく稀《まれ》にしかいない。

よほど心のなかのアラームが鳴らないかぎり、たいていのひとに対しては、「いい関係が築けるといいな」と思いながら接する。

だから基本的には、初対面のときから、かなり大らかに相手と付き合うほうだと思う。

こちらからまず相手を丸ごと受け止めることを実践している。

ちゃんと向き合えば、ぼくのことを好きになってくれるかもしれない……、と思いながら。

こちらがすべてをさらけ出そうという態度だと、相手の態度も似通ってくるものだ。思うにひとと対面するって、鏡と向き合うようなところがある。

こちらが穏やかなら向こうも穏やかだし、こっちが「力ずくでマウントをとって、オレを認めさせてやろう」という態度だと、相手だって張り合わざるを得なくなって、どんどん溝が深くなってしまう。

だったらこちらから、お互いに気持ちいい状態をつくったほうがいいに決まっている。

とにかくポンポンと相手を賞賛するんだ。こういうところをこのひとは認めてほしいんだろうな、というのはだれしもに見え隠れするものだから、そこを見出して浮かび上がらせてあげる。そうしてもらえていやな気がするひとはいないだろうから、こちらにきつい言葉が返ってくることもない。そこから好循環が生まれる。

自分にはないあなたのその才能を、ぼくは賞賛しますよっていう姿勢は、すごく大事だ。自分がされたらうれしいことを相手にもすれば、きっと関係はうまくいくと信じていたい。

そう、つまりはどこまでも、相手本位であるということ。

対人関係において、ぼくには「これだけは守りたい」みたいなプライドが特にないから。

プライド。これが、生きていくうえで、なんとも厄介《やっかい》なものなのだ。

プライドは自分がなにかをがんばるための原動力になってくれるけれど、逆にあまりに強すぎると、自分の視野を狭めたり、行動が制限されたり、冷静な判断ができなくなったり……。いろんな弊害が出てくる。

数値で表せるものではないからなんとも言いづらいけれど、おそらくぼくには、ひとと比べるとプライドがほとんどない。

いまぼくが取り組んでいるユーチューブやオンラインサロンなんて、あっちゃんをはじめ周りで成功しているひとがいるから、ただまねしてみようということだけではじめた。

ぼくがプライドの強いタイプだったとしたら、

「あいつらの後発なんていやだ。もっと自分のオリジナルなことをなにか……」

と、はじめるのに躊躇《ちゅうちょ》したままだったはず。

芸人なのにテレビドラマやミュージカルに出演するのだってそうだ。違う世界に入っていけば、当然こっちは素人だから、最初はうまくいきっこない。ぶざまな姿をさらしたりもする。

もしもぼくのプライドが高かったら、

「そんな様子をひとに見せるわけにいかない、自分にも築き上げた立場ってものがあるんだから」

とかなんとか言って、一歩を踏み出そうとしていないんじゃないか。

ぼくはそういうときに、自分のプライドを気にすることがない。プライドなんて煩《わずら》わしいと思ってしまう。

「プライドがない」って言われるのは、いかにもマイナスな響きに聞こえるかもしれないが、案外これが武器になる。

プライドがないからこそ、ぼくはいまこんなに軽やかでいられるんだろう。あれこれ手を出して、節操のないやつだなと思われながらも、本人はとても楽しくやっていられる。

与えると、巡り巡って返ってくる

これもプライドがないからこそ言えるのかもしれないけれど、いまのぼくのモットーは、後輩に大いに学びたい！　ということ。

これまで芸人の先輩、また人生の先輩の方々から学ぶことはたくさんあった。そのおかげでいまぼくはこうしていられる。それは間違いない。ひと通り諸先輩方にいろいろなことを見せてもらい、教わってきたのだから。じゃあこれからは、後輩たちの新しい考えから大いに学んでいきたい。

新しいものを生み出し、次代をつくるのは、若い世代だ。

ならば彼らのやろうとしていることをいち早くキャッチして、取り入れてしまえ。それが今後、自分が輝くための手っ取り早い方法になる。

打算的に聞こえるかもしれないが、ぼくは躊躇せず後輩たちから「若い感覚」を吸収したい。

まあそもそも、いいものはいい、おもしろいものはおもしろいのだから、そこに年齢は関係ないというだけとも言える。

後輩にヘコヘコするなんてできるわけない、などと凝り固まっていても、損をするばかり。自分にプラスとなることなら、プライドなんか打ち捨てて、柔軟に行動していったほうがいい。

若い世代の柔軟さ、しなやかさはすごい。特にインターネットの活用のしかたなんて、若いひとたちほどナチュラルにうまい。見習うことだらけだ。

先日も後輩がこんなことを言っていた。

「自分のユーチューブとかアップしてるとほんと楽しいし、やってて未来あるな！ って感じますよ」

なるほどそのとおりだろうな。それに加えて、こんなことまで。

「テレビって、4時間の特番を収録するとして、雛壇《ひなだん》にずっと座って自分のタイミングが来たら二言、三言しゃべるだけだったりするじゃないですか。それで金もらえるのはいいっすけど、正直、ぜんぜん楽しくないっすよね」

言われてみれば、そういう面はあるかもしれない。テレビはちょっと非効率で、才能の浪費をしているというところがある。

もちろんテレビならではの豪華さや華やかさもあるんだけど、ユーチューブなどの軽やかさや、「すべては自分次第」という緊迫感、やりがいも捨てがたい。

若いひとたちはそのあたりを、自分の心情に正直になって選択しながら、自分の仕事のやり方をつくり上げているんだろう。たくましいかぎり。

お金に対する考え方なんかも、かなり変化しているようだ。後輩たちを見ていると、単にお金という条件のみでは、なかなか動かないところがある。

たしかにお金に依存しすぎてしまうと、とたんに自分の行動や方針が窮屈《きゅうくつ》になる。いわゆる「お金に縛られてしまう」状態だ。

テレビの仕事では、出演者たちはみんな、レギュラー番組をなにより欲しがる。ぼくもレギュラーを持たせてもらっていて、すごくありがたいしうれしいことだとは思っている。でも考えてみると、なんでそんなにレギュラーに固執《こしつ》するんだろうか。やりたいことが存分にやれるとか、存在感を誇示できるとかいろいろあるだろうけど、なによりも「安定した大きな収入を得られる」というところがポイントになっている気がする。

「レギュラーがなくなったら、お金の面が不安になる。生活できなくなっちゃうよ」という気持ちが、芸人やタレントをがんじがらめにしているのではないか。

お金を中心に据えた考えから抜け出すのは、なかなかたいへんなことではある。ぼくも若いころは、その月の給料を気にしてチェックして、いつもより多ければ大喜びして、

「なにか自分にご褒美《ほうび》、買っちゃおうかな」

などと、調子に乗ってやっていたものだ。

このところようやく、お金はなんとかなるだろう、それよりもっと楽しいと思えることを優先してやればいいと考えられるようになった。

お金の使い方も、自分のためというよりも、ひとやプロジェクトに対して使うことを覚えたのだ。たとえばユーチューブの企画なんかで出費があるとすれば、

「ああ、だったらとりあえず出しておくから、これで準備して」

と、スパッと言えるようになった。この先のなにか楽しいことのためなら、出し惜しみしないほうがいい。

不思議なことに、そうやって大胆に「生きたお金」を使ったほうが、結果的にちゃんとリターンがくる。

まずは「take」ではなくて、「give」を心がける。すると、巡り巡ってしっかり自分に返ってくる。そういう世の中のしくみを、最近とみに実感するようになってきた。

第5章

まあ、なんとかなるさ

プライドレスを受け入れる

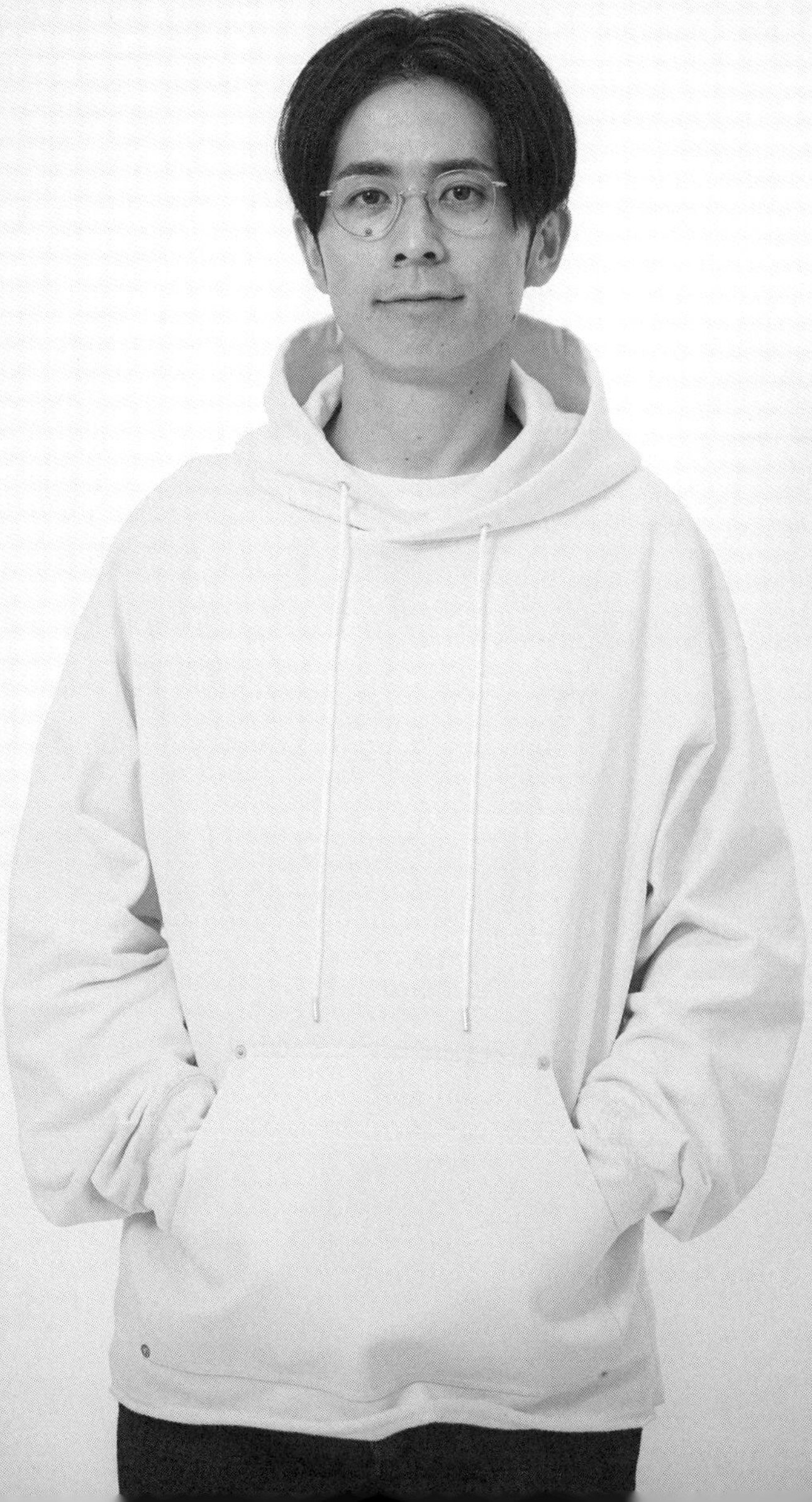

とにかく褒める。傷つけない

こうやって自分のことをあれこれ振り返ってみて、ああぼくは、一貫してる。ずっとカッコ悪いんだな、なんだか。

そう痛感した。

もともとは、人一倍カッコつけたいやつのはずだった。若かりしころは、モテることに全精力を傾けた時期もあった。それなのに、なぜだろう。やることなすこと、ことごとく外してしまってきた。

自分でもかなりガッカリなやつだなと思うけど、同時に、よくぞこれまでくじけずやってきたなとも感じる。その点についてだけは、すこし自分を褒《ほ》めてやってもいい。

ぼくの半生は、失敗とか挫折の連続だ。それでもめげずに、なんとか前を向き続けられた。それはなぜか。いつだって「帰れるところ」があったから。

ぼくにとっての絶対的な安全基地、それは家族だ。

父母に兄と姉。うちの5人家族は、長野県諏訪市という地方都市に住む、ごくごく普通のサラリーマン家庭だった。両親がそうなるように心を砕いていてくれたのだろうけど、すごく笑顔の多い家だったと思う。

ぼくはいまさらりと「普通の」と表現したけれど、普通の家で育ったとみずから言えること自体が、すごくありがたいこと。それは大人になってからようやく気づいた。

子どもがいつでも安心して帰れる普通の場所＝ぼくにとっての絶対的なスタンダード、を両親は築き上げて、ぼくら子どもたちに与えてくれた。その一点のみを考えても、ぼくは両親を心から尊敬する。

普通のいい家庭に生まれ育った。これはぼくにとってかけがえのない財産なのだけど、実をいうと、芸人としてはそこがネックになった部分もある。端的に言うと、「普通」は芸人の武器にならないのだ。

芸人は、自分の体験を生かすかたちで、絶対に笑いのとれるエピソードトークをつくり上げようとするもの。特に新人時代は自分の過去から手っ取り早く「武器」を探そうとする。

そのとき、自分の生い立ちがぶっ飛んでいるほうが、話はおもしろくなるに決まっている。

自分がとてつもなくワルかったとか、実家がとんでもなく貧乏だった、または逆に裕福だったとか。中身はなんでもいいんだけど、とにかくここは極端な話が欲しいところである。

もちろんみんな、ある程度は話を盛って創作するから、本当に過去が悲惨だったり、きらびやかだったりする必要はない。ただ、話を膨らませるにしても、素《もと》になる体験がやっぱり必要になってくる。

そこへいくと、普通の中流家庭に育ったぼくには、エピソードトークの素になるような逸話が、まったく見当たらなかった。芸人になった当初はそれがコンプレックスですらあった。

ああ自分には、笑いのとれる過去すらないのか……。

加えてぼくらオリエンタルラジオは、NSCを卒業と同時にテレビに出はじめたから、下積み時代もない。苦労話や悲惨な話がなさすぎて、本当に途方《とほう》に暮れたものだった。

自分の過去を笑い話にするというのは、つまりはコンプレックスを売りにするわけだ。それは笑いの王道のひとつではあるけれど、ぼくらはそこを捨てるしかない。そういうのとは違うタイプで笑いをとる芸人になればいい。というかそれしか道はない。いまはそう意識を変えたから、ずいぶん楽になった。

相手を立てたり、褒めたり、おもしろい話を引き出したり。そうしてその場を楽しいものにしていくという芸風があったっていい。ぼくはそこを目指そうと考えた。

だから、自分のことでもほかのひとのことでも、マイナスなところをほじくり返すようなことはなるべくしない。そう決めた。

オリエンタルラジオの武勇伝ネタで、ぼくはいつも、

「あっちゃん、カッコいい〜！」

というセリフを繰り返し口にしてきた。

前に、ぼくのこのセリフの言い回しを、賞賛してくれるひとがいた。

「ひとを褒めるときの声に嫌味がない。だから何度聞いても、本気で感嘆《かんたん》しているように響いていいね」

なるほど、それならよかった。だれも傷つけず、ひとを持ち上げるセリフで楽しんでもらえるとしたら、こんなにいいことはない。

「ひとのことを悪く言うな」という母の教え

なんら特別じゃなく、基本的にはごくごく穏やかな環境で育ってきたぼくとしては、過激で極端なことをして笑いをとるよりも、ひとと仲良くしながらの笑いのほうが、ずっと無理なくやれる。それがぼくのやりたいことでもある。

そういう考えに至ったのには家庭、とりわけ母親の影響が色濃くあると思う。

うちの母はいつもニコニコしていて、かなり優しい親だったと思うのだけど、たまに火のついたように怒ることがあった。

どんなときかといえば、ぼくがひとのことをけなしたり、悪く言ったりすると、容赦《ようしゃ》なく叱《しか》られた。

小学生のころなんて、男の子だったら友だちとケンカをしたり悪口、陰口を言ったりするのはよくあることだ。でも母の目に留まったが最後、うやむやなままでは済まされない。かなり厳しく咎《とが》められた。

ひとを悪く言ってはいけないし、バカにしたり軽く見たりするのもご法度《はっと》だ。

小学校低学年のころ、母と外を歩いていて、いわゆる「働く車」が道を通りかかった。たいていの男の子と同じように乗り物好きだったぼくは、それを見て何気なく言った。

「あ、あのクルマ、カッコいい！　でもさ、あのクルマ乗ってやる仕事のひとって、給料安いんだよー」

たぶん友だちか上級生に吹き込まれて、要らぬことを覚えていたんだ。自分としては何気なく言っただけなのに、その言葉に対して母親が激怒した。

「あんた、二度とそんなこと言っちゃ駄目よ！　大人のひとたちはみんな、どんな思いでたいへんなお仕事してくれてると思ってるの？　お仕事しているひとに、ちゃんと敬意を払いなさい。二度とそんなこと言うもんじゃないのよ！」

そうか、こういうことは言っちゃいけないのか、と頭に叩き込むことができた。

思えば母は、自分の振る舞いも一貫していた。

いつだって周りのひとと接するときにはすごく丁寧な態度を崩さない。近所のひとたちと井戸端会議をしているときでも、ひとの悪口を言っているのを見たことがない。

話の方向がだれかを責めるほうに行っても、安易に同調したりもしない。そういうところは徹底していた。

ああ、こういうのが正しい大人の姿なんだな、と感じた。そういう大事なことを、母が身をもって示してくれたのは、ぼくのかけがえのない財産になっている。

「自分」をつくるのは自分じゃない。周りだ

一方の父親はといえば、こちらはどこへ行ってもその場の人気者になるような楽しいひとだ。小さいころはよく一緒に遊んでもらったことを覚えている。

でもぼくが大きくなってくると、海外に単身赴任する時期なんかも多くなって、父親抜きで生活する期間がけっこう長かった。

寂しいといえば寂しかったけれど、そこは母がなんとかカバーしようとがんばっていた。

父親の影響ではじめた野球も、父が不在のときには母が、

「あんた、今日はもう素振りやったの?」

「キャッチボールまだやっていないんだったら、お母さんが相手してあげるから、さっさとやるわよ」

なんて声をかけてきたりして。父母ともに、子どものことをちゃんと見て、よく寄り添ってくれていたんだなと思う。

父親も母親も、どんな時期だってぼくら子どもたちを、このうえなく気遣ってきてくれたのは確かなんだ。だから、大学を卒業したら就職もせずお笑い芸人になりたいと告白するときは、さすがに心が痛んだ。

そもそも、あっちゃんと出会ってＮＳＣに入る前は、ごく普通に就職活動をして、すこしでも「いい会社」に入ろうと当然のように思っていた。うまくいけば、そのとき付き合っていた彼女とそのまま早めの結婚でもして、幸せな家庭を築くのがなによりかなと考えていた。

でもぼくは、そうならなかった。どこかで自分のなかでスイッチが入ってしまい、タイミングよく相方とも出会い、一気に芸人への道に入り込んでいくこととなった。展開があまりに急だったから、芸人の道を歩みはじめるとき、親にはひとことも告げられなかった。

走りはじめてしまうと、話すきっかけもうまくつかめなくなってくる。ＮＳＣに通っていることもしばらくは、両親に内緒のままだった。

そのうち、通常なら大学生が就職活動をはじめる時期を迎えた。親は当然ながら様子を尋ねてくる。就職はどうするつもりなの？　どういう方面の仕事を考えているの？　と。

でもこっちは、就職もなにもない。そんな二文字はとっくに捨ててしまっていた。

はっきり本当のことを告げてしまえば、両親が動揺するのは目に見えていた。ぼくはしばらく曖昧《あいまい》な返事をしてごまかしていた。

いよいよ大学4年生になって、まだ内定先がないようでは就職浪人しかないという時期が来た。

「あんた、いったいなにがどうなってんの」

と問い詰められ、さすがに観念して本当のことを伝えた。

実はこれこれこういう経緯で、お笑いの養成所に通っているんだ、と。

最初は母親に電話で話した。受話器の向こうで絶句して、かなりショックを受けている様子がはっきりわかった。

そのころ父はまた海外赴任していたので、母はすぐ国際電話をしたらしい。

「私、どうしたらいいんでしょう……」

母は泣きながら父に訴え、相談してきたと後から聞いた。

戸惑《とまど》いはかなりあったようだけど、それからすぐ両親とも、ぼくのやることを了解した旨の返事をしてくれた。

母に至っては、

「よかったじゃない、あんたそれ、きっと向いてるわよ」

とまで言ってくれた。

「昔からそういうの好きだったもんね。あんたは明るいことが好きだったから」

とも。いやいや、ぼくは小さいころから特にお笑いに興味をもったことなんてなかったし、そういうテレビを熱心に観ていたような事実もまったくないはずなのに。

あれは母親なりに気を使って、激励してくれていたのだ。

ひとのことも、ひとのやることも悪く言わない母らしさにあふれた言葉だった。

別に「この言葉を、つらいときにはいつも思い出している」なんて美談ではないけれど、両親の存在と両親がぼくに注いでくれた愛情は、きっとぼくのいちばん根底のところで、いつだって支えになってくれている。

兄と姉にも、ぼくは素直に感謝の気持ちでいっぱいだ。末っ子のぼくのことを、いつも温かく見守ってくれたのがすごくありがたかった。

いかにも末っ子らしいぼくは、中高生のころはチャラい格好をしてふらふらしていたり、高校を出ると東京へ飛び出していったり、そうかと思うと「芸人になる！」なんてワケのわからないことを言い出して地元には帰ってこなかったり……。

メチャクチャばかりやってきたけれど、好き勝手をできたのは、兄と姉が「しょうがないやつだな」と思いながらもいつも見守っていてくれたからだと思っている。

兄は料理人の道に進み、店を持ったりして自分の道で活躍している。彼は料理で、ぼくはお笑いで。手段は違えど、ふたりともひとを楽しませようとしている点では共通するのかなと思っている。

姉はいつだって両親といちばん近い距離で、家のことをちゃんとケアしてくれていた。彼女がいてくれる安心感といったら、とてつもなく大きい。

とことん落ち着きのないぼくに、「こんなんじゃいけない！」とわが身を見直すきっかけをくれるのが姉で、それはいまだに変わらない。

もうすこしで20年に迫ろうかというぼくの芸人人生は、いい時期も悪い時期もたくさんあった。それでも、

「まあ、なんとかなるさ」

と、いつも前向きに続けてこられた。

それはひとえにぼくの根底に、

「帰れるところは、ちゃんとある」

という安心感があったから。

ぼくにとっての帰れるところ、それはもちろん家族のもとだ。

これから先も、ぼくが芸人を続けていくということは間違いない。どんな活動をしているかは、ちょっと自分でも予想がつかないけれど。

個人的には今後、そりゃ自分の手で「新たな家族」を築くことだってあるかもしれない。

そういう願望は強くあるけれど、現状を見渡してみるに、これはそれほどすぐ実現できる話じゃなさそうだ。

ぼくのいる場所、やることは変わっていくにしても、ぼくの支えになってくれるものはたぶんずっと変わらない。いま周りにいてくれるひと、そして家族。みんながいてくれてこそのぼくだ。

なにしろぼくには、確固たる自分というものがないんだ。自分のことを誇示しようとするプライドすらない。

ということは、だ。ぼくという存在は、周りのひとたちとの関係のなかにしかないことになる。

そう考えると、やっぱりひととの関係をひとつひとつ、大切にしていかなければいけないと思う。それで初めて、自分は生かされているのだから。

メディアを通して芸人としてのぼくの姿を見てくださるひと、そしてそばにいてくれるすべてのひとに、あらためて感謝の気持ちを表したい。

ただし照れ臭いから、チャラ男風でね。

「みんなぁ、サンキュウでぃえ〜ッス！」

おわりに

公私ともに「聞き役」となることの多いぼくが、この本のなかでは、自分のことをなにからなにまで披露してきた。

そういうのは慣れてないから、なかなか恥ずかしいというか、どこかむず痒《がゆ》いというか……。

でも、やってみてよかった。自分なりの発見がたくさんあったから。

その最たるものは、ぼくの「プライドレス」な生き方だって、まあアリだよね？　と確認できたこと。

確固たる自分なんて、いらない。自分を照らしてくれる、周りのほうが大事。そんな考えはぼくのなかでぶれないし、これからも変わらないだろう。

どうやらぼくは、プライドレスな生き方を貫くことにだけは、プライドを持っているみたいだ。

だから、プライドレスでいることの効用を、もうすこし世に浸透させられたらとも思っている。

自分のことは脇に置いて、まずは微笑《ほほえ》みを湛《たた》えて過ごす。そんなひとが増えれば、ぼくらの日々はいまよりちょっと、穏やかになる。

とかくストレスフルな世の中には、プライドレスな生き方こそ処方箋《せん》になるんじゃないか？　ひそかにそう思っている。

かく言うぼくはこの1月から独立し、ひとりで仕事をしていく立場になった。

たしかに気持ちは新たになった。ただ、この選択が正しかったのかどうかは、正直なところまだわからない。

それでも少なくとも、後悔はしていない。自分がいつも微笑んでいられそうな道を、ちゃんと選んだつもりだから。

これからはその道を、一歩ずつ感触を味わいながら、歩いていくだけだ。

2021年1月

藤森慎吾

Staff

デザイン	bookwall
写 真	荒木勇人
スタイリング	上井大輔
ヘアメイク	守屋Kスケ
組 版	キャップス
校 正	鷗来堂
構 成	山内宏泰
編 集	崔鎬吉

藤森慎吾（ふじもり・しんご）

1983年、長野県生まれ。2003年、明治大学在学中に中田敦彦とオリエンタルラジオを結成。04年、リズムネタ「武勇伝」でM-1グランプリ準決勝に進出して話題をさらい、ブレイク。11年、「チャラ男」キャラで再ブレイク。決めゼリフ「君かわうぃーね！」は同年の流行語大賞にノミネートされる。14年、音楽ユニット「RADIO FISH」を結成し、16年には楽曲「PERFECT HUMAN」が爆発的ヒット、NHK紅白歌合戦にも出場を果たした。現在、バラエティ番組のほか、テレビドラマ、映画、ミュージカルなど俳優としても活躍。20年、YouTubeチャンネル「藤森慎吾のYouTubeチャンネル」の配信をスタート。さらにオンラインサロン「FILLLLAGE」も開設するなど、マルチな活動を展開している。

プライドレス
PRIDELESS
受け入れるが正解

2021年1月31日初刷

著　者　藤森慎吾《ふじもりしんご》

発行者　小宮英行

発行所　株式会社徳間書店
〒141-8202
東京都品川区上大崎3-1-1
目黒セントラルスクエア
電話　編集／03-5403-4344　販売／049-293-5521
振替　00140-0-44392

本文印刷・製本　中央精版印刷株式会社

カバー印刷　近代美術株式会社

ISBN978-4-19-865203-6